인문학이 싱거워지는

지식인의 교양 : 생각 편

인문학이 쉬워지는

지식인의 교양

곽작가
지음

생각 편

책읽는수요일

오늘날의 우리를
만든 생각들

오늘날 우리가 아는 주요 이념들의 뿌리는 19세기에 있습니다. 물론 멀고 먼 근원을 따지면 쿠푸 왕의 피라미드와 단군왕검의 시대까지 거슬러 올라갈 수도 있지만, 적어도 손에 잡히는 뿌리는 분명 19세기에 있습니다.

그런데 역사학계에서 19세기라 하면 1800~1899년이 아니라 그보다 조금 더 긴 기간을 지칭할 때가 많아요. 아무래도 영국의 역사학자 에릭 홉스봄(Eric Hobsbawm)의 영향 같은데요. 그는 프랑스 혁명부터 제1차 세계대전에 이르는 기간을 '기나긴 19세기(Long 19th century)'라고 불렀습니다. 물론 이

두 사건을 전후로 세상이 확연하게 달라졌다는 의미가 포함되어 있습니다.

이 책에서 다루는 근대의 이념, 자유주의와 사회주의 역시 뿌리는 '기나긴 19세기'에 있습니다. 프랑스 혁명에서 파생한 여러 사회운동은 여러 이념을 낳았고, 그중 인류가 가장 쓸 만하다고 생각해서 추려낸 두 가지 이념이 바로 사회주의와 자유주의라고 요약해도 그리 틀린 말은 아닐 것입니다.

1789년 7월 14일 파리 시민들이 바스티유를 공격할 때는 아직 아무도 사회주의나 자유주의란 말을 몰랐습니다. 하지만 1830년 7월 혁명 때만 해도 이제 제법 많은 사람들이 사회주의와 자유주의란 용어를 사용하고 있었습니다. 특히 프랑스에서 푸리에(Charles Fourier) 와 함께 처음으로 '사회주의' 이론을 정립한 생시몽(Comte de Saint-Simon)은 한때 큰 인기를 누리는 저명인사였습니다. 아마 후일 마르크스주의자들이 '공상적 사회주의자'라고 도매금으로 떠넘기지만 않았더라도 그 명성은 꽤 오래갔을 거라고 봅니다.

유럽인들에게 19세기는 무엇보다도 혁명의 시대였습니다. 19세기 내내 사람들은 산업혁명과 정치혁명의 물결에 휩쓸려 살았습니다. 그리고 산업혁명을 통해 근대 자본주의가 모습을 갖추었고, 정치혁명의 결과로 자유주의와 사회주의가 현실에 존재하는 국가의 이념과 체제가 되었습니다. 그리하여 오늘날 세계인들이 살고 있는 국가의 정치체제가 거의 모두 이 두 가지 이념의 조합에서 탄생한 것이라고 해도 과언은 아닙니다.

20세기 들어 자유주의와 사회주의는 거대한 실패를 경험했습니다. 자유주의가 실패한 곳에서 파시즘이 자라나 결국 수천만의 생명을 앗아 갔고, 소비에트라는 이름의 '현실 사회주의' 역시 수많은 인민의 생명과 자유를 희생한 끝에 몰락했습니다.

물론 아우슈비츠가 자유주의자들이 만든 지옥은 아닙니다. 하지만 파시스트가 발호하는 동안 유럽 유대인과 집시 및 여타 소수집단이 겪은 참상은, 19세기 유럽 자유주의자들이 개인의 인권과 자유를 자명한 것으로 간주하면서도 그 미덕의 적용을 '우리'에게만 한정했던 위선이 낳은 결과이기도 합니다. 심지어 자유주의 이론의 '원조' 존 스튜어트 밀 같은 이조차도 "인종 자체가 아직 유년기에 있다고 볼 수 있는 후진 상태의 사회도 타인의 감독이 필요하다"는 단서로 식민주의를 정당화했습니다. 모든 인간은 자유롭고 평등하며, 모든 이의 인권은 존중되어야 하지만, '후진 사회의 인간'으로 시작해 하나씩 예외가 늘어나면서 결국 '우리' 외의 다른 모두가 예외가 되어간 것입니다.

사실 아우슈비츠는 파시즘을 상징하는 하이라이트일 뿐, 인류는 19세기와 20세기 초까지 지구 곳곳에서 자유주의의 참혹한 실패를 목도해야 했습니다. 유럽에서 600만 명의 유대인들이 학살되기 몇십 년 전에 이미 콩고에서는 1000만 명의 희생자가 나왔고, 아프리카와 아시아에서 수많은 식민지인들이 제대로 알려지지도 않은 채 죽어갔습니다. 그리고 마침내 자유주의자들의 위선과 방기 아래 파시스트들이 독일과 스페인, 이탈리아의 정권을 장악했고, 그들이 일으킨 전쟁은 수천만 명의 목숨을 앗아 갔습니다.

사회주의자들 역시 비슷한 실수, 아니 더 크고 긴 실수를 저질렀습니다. 레닌이 이끄는 일단의 러시아 사회주의자들은 폭압적인 차르 체제를 전복하고 세계 최초의 사회주의 국가를 설립하는 데까지는 성공했지만, 그 다음부터 어찌해야 할지 모르고 우물쭈물하다가 결국 야심에 찬 독재자와 관료들에게 권력을 넘겨주고, 전 세계 인민의 절반을 철의 장막 속에 가두어버렸습니다.

중국의 사회주의자들 역시 어찌할 바를 모르긴 마찬가지였죠. 전 세계에서 가장 많은 인구를 지닌 나라를 장악했으니 그 나라를 관리하는 데는 실패했고, 결국 겉으로는 사회주의를 내걸었지만 실제로는 가장 자본주의적인 나라를 건설하고 말았습니다.

신자유주의의 폭주는 현실 사회주의의 실패가 가장 큰 배경입니다. 소비에트 러시아와 마오쩌둥의 중국이 건재한 동안, 소위 '자유 세계'의 자본가들은 노동자들이 사회주의로 경도되는 것을 막기 위해 어느 정도 '양보'하는 것을 당연하게 생각했지요. 그러나 '현실 사회주의'가 사라지자 양보의 이유도 사라졌습니다. 고삐가 풀린 자본은 자유를 만끽했고, 그 결과로 나타난 것이 소위 신자유주의라는 유령입니다. 결국 현실 사회주의의 위기는 현실 자유주의의 위기로 전화(轉化)했다고 할 수 있습니다.

그렇다면 사회주의자와 자유주의자는 무슨 잘못을 저지른 걸까요? 자유주의자들이 저지른 가장 큰 잘못은 앞서 말했듯이, "우리의 자유와 권리만 지킨 것"입니다. 그럼 사회주의자들의 잘못은?

제2차 세계대전 이후를 즈음해서 소비에트의 현실을 목도한 서구 학자들이 20세기 내내 물었던 질문 중 하나가 바로 그것입니다. 이론에 따르면 사회주의 국가는 유토피아 비슷한 것이 되어야 했지만, 현실에 존재하는 사회주의 국가는 '철의 장막'이었기 때문입니다. 소비에트는 이념과 현실의 괴리를 실증하는 뼈아픈 사례였습니다. 마르크스주의는 이론적으로는 최고의 사회구성 원리이지만 현실 속에서는 쓸모없는 사변적 망상에 불과했던 걸까요?

'실제로 그렇다'는 것이 일부 학자들의 결론입니다. 물론 아직도 마르크스주의의 기본 명제와 구조는 유효하다는 주장도 있습니다. 반면 카를 마르크스의 역사이론은 유물론이 아니라 형이상학이고, 마르크스주의는 종교이며, 마르크스는 나르시시즘에 빠진 예언자였을 뿐이라는 주장도 있습니다. 어느 쪽이 옳은지는 확실치 않으나 그동안의 서구와 동구의 모든 마르크스주의가 사변에 치우쳤다는 비판은 인정할 수밖에 없습니다. 물론 이런 반성이 나오기까지도 오랜 시간이 필요했지요.

그런데 설사 마르크스주의가 죽었다 해도, 레닌주의가 죽었다고 해도, 실은 사회주의가 죽은 것은 아닙니다. 현재 멀쩡히 '사회주의자'를 자처하는 사람들이 만든 정당이 세계의 여러 나라에서 권력을 차지하고 있습니다. 그중 일부는 아주 모범적인 발전을 이루어냈고요. 당장 마르크스가 참여했던 SPD(독일사회민주당)는 현재 연정(聯政)을 통해 독일의 정권을 차지하고 있지 않습니까?

사회주의적 가치와 꿈 역시 잘못된 것은 아닙니다. 누가 뭐래도 사회주의는 "평등한 공동체를 향한 꿈"입니다. 특권도 착취도 없는 사회, 그건 마치 유토피아처럼 현실에는 존재할 수 없는 곳 같지만, 그렇다고 해서 추구하지 못할 금기는 아닙니다. 모두가 그런 사회를 꿈꾸고 그런 사회를 만들기 위해 노력한다면 그런 사회에 가까이 갈 수는 있겠지요. 그런 노력을 통해 도달할 곳은 적어도 우리가 현재 살고 있는 '금수저·흙수저 사회'보다는 낫지 않겠습니까.

"실패는 성공의 어머니"라는 진부한 속담이 있습니다. 인류는 두 세기 동안 사회주의와 자유주의라는 두 키워드를 들고 여러 가지 실험을 했고, 수많은 성공과 실패를 맛보았습니다. 그리고 좋든 싫든 인류는 앞으로도 한동안 보다 현실적이고 유익한 사회주의와 자유주의를 모색할 것입니다. 왜냐하면 우리가 아는 것 중 이 두 가지 키워드보다 나은 것도 별로 없거든요. 그러니 인류가 이 두 가지를 버리기에는 너무 이르죠.

사회주의와 자유주의가 대체 무엇이기에 그렇게도 중요하냐고요? 이제부터 책장을 한 장씩 넘겨보세요. 세상에서 가장 명쾌하게 설명해드리겠습니다.

차 례

2부 마르크스주의의 분화와 사회민주주의

3부 자유주의의 역사와 전통

4부　오늘날의 자유주의

1부
자본주의, 사회주의, 공산주의

주의(主義)란
무엇인가?

자본주의, 사회주의, 공산주의, 민주주의를 비롯해 '주의(主義)'란 말이 붙은 용어들이 많습니다. 그런데 '주의'란 게 무엇일까요? 간단히 영어의 '~ism'을 번역했다고 설명하는 경우가 많습니다. 그러면 'metabolism'은 신진대사(新陳代謝)주의고 'alcoholism'은 알콜주의인가요? 그럴 리가 없잖아요.

현실적으로 '주의'의 의미는 우선 '제도'입니다. 이를테면 사회주의 사회나 민주주의 사회는, 사회주의라는 제도를 채택한 사회와 민주주의라는 제도를 채택한 사회를 말하는 거죠. 두 번째 의미는 '생각', '이념' 등을 말하는 거겠죠. 사회주의나 민주주의 같은 거창한 이념을 말할 때도 있고, 이기주의나 이타주의 등 상대적으로 사소해 보이는 이념을 이야기할 때도 있지요.

그런데 자본주의는 제도일까요, 이념일까요? 물론 이념을 가리킬 때가 없는 건 아니지만 현실적으로는 '제도'를 가리킬 때가 많습니다. 보통은 '자본주의' 하면 무슨 이론으로 이루어진 거창한 이념이라는 생각보다는, 현실 속에서 자연스럽게 운용되고 있는 제도라는 느낌이 들지요. 그래서인지 "자본주의 제도가 좋다"라고 말하는 사람은 많지만, "나는 자본주의자야" 하는 사람은 드물죠. 자본주의자를 영어로 쓰면 'capitalist'인데, '자본주의 이념을 지닌 자본주의자'보다는 그냥 '자본가'란 뜻으로 훨씬 많이 쓰입니다.

자본주의란
어떤 제도인가?

자본주의가 어떤 제도인가에 대해서는 학자들마다 설명이 조금씩 다릅니다. 상업의 발전과 '시장경제'에 초점을 두는 막스 베버 같은 학자는 고대 바빌로니아에도 자본주의가 있었다고 말합니다. 이런 시각에서 보면 고대 아테네나 중세 이탈리아의 도시국가는 자본주의가 상당히 발전한 나라입니다.

하지만 보통은 자본주의라고 하면 18세기경부터 진행된 산업혁명과 함께 발전한 서구 자본주의와 그와 유사한 경제 체제를 말합니다. 막스 베버조차도 본격적인 자본주의는 그때쯤 정착했다고 합니다.

마르크스주의의 창시자인 카를 마르크스는 자본주의를 생산수단의 사적 소유를 기반으로 하는 특유한 '생산양식(mode of production)'으로 파악합니다. 그는 무엇보다도 자본주의 이전의 생산양식인 봉건제(feudalism)와 대비하여 자본주의의 특징을 설명하는데요. 봉건제하에서는 영주(지주)가 땅과 함께 농노를 '소유'하면서 농노의 노동에 따른 과실을 직접 챙겼다면, 자본주의 사회에서는 자본, 즉 생산수단을 소유한 자본가에게 형식상 자유로운 노동자가 계약을 통해 임금을 받고 노동력을 팔고, 자본가는 이윤을 얻습니다. 뭔가 좀 다르지요?

자본주의의 '자본(資本)'은 결국 '돈'인데요. 자본주의가 발전하면서 특히 직접 돈을 다루는 금융자본이 커지는 현상이

"그래도 난 누구의 소유물은 아니라고! 그런 거 같아! 그런 거 맞지?"

일어났습니다. 레닌은『제국주의론』에서 이를 따로 '금융자본주의'라고 부르고, 금융자본주의를 자본주의가 최고로 발전한 형태로 규정합니다.

'창조적 파괴'란 개념으로 유명한 보수파 경제학자 조지프 슘페터(Joseph Schumpeter)는 아예 금융자본과 신용을 자본주의의 필수 요소 정도로 봅니다.

"상업 경제란 생산수단이 사적으로 소유되고, 사적 계약에 의해 생산과정이 규제되는 사회다. 여기에 은행에 의한 신용창조가 덧붙여질 경우, 자본주의 사회라고 할 수 있다."

사실 자본주의는 이런저런 설명 없이도 이해하기 쉽습니다. 왜냐하면 우리가 살고 있는 체제가 바로 자본주의니까요. 그래도 핵심적인 사항을 요약하자면, 시장경제와 생산수단의 사적 소유, 사적 계약의 자유 등이 자본주의의 가장 큰 특징들이 아닌가 싶네요. 다만 카를 마르크스나 막스 베버가 활동하던 시대와는 좀 달라진 점들이 몇 가지 있는데요. 이를테면 사회주의 운동에 대한 반응으로 나타난 수정자본주의와 최근 사회주의권의 몰락 이후 더욱 강화된 금융자본의 세계화 등은 현대자본주의의 특징이라고 할 수 있습니다.

"역설적으로 사회주의 운동의 주요 결과 중 하나는

사회의주의의 도래 자체가 아니라

자본주의를 인간애와 합리성을 좀 더 갖춘

지적인 체제로 만든 것이라고 말하는 학자들도 있죠.

꽤 설득력이 있어요."

수정자본주의

수정자본주의란 물론 국가가 시장에 어느 정도 개입해서 자본주의 경제하에서 발생하는 문제들을 해결하려고 노력하는 체제를 말합니다. 그런데 여기서 '수정'이란 대체로 '사회주의적 수정'을 의미한다는 게 재미있습니다.

역사적으로 자본주의는 발전 과정에서 한편으로는 수요와 공급의 불일치에 따른 공황과 다른 한편으로는 노동 조건에 불만을 지닌 노동자들의 반발이라는 두 가지 위협에 직면했는데요. 자본주의 체제가 여기에 대응한 방법이 '사회주의적' 방법이었습니다.

1930년대 대공황에 대응하여 국가 주도의 사업을 벌여서 유효 수요를 창출했던 것이 대표적인 사례 중 하나인데요. 자유방임적인 자본주의 체제하에서는 불가능한 일입니다. 오늘날 서구 자본주의 사회에 보편화된 사회복지 제도 역시 '사회주의적' 정책이라고 할 수 있습니다.

"공황 때문에 일자리가 없으니 나라에서
댐이라도 지어서 노동자를 고용해야 함."

"보이지 않는 손이 알아서
할 텐데, 괜한 걱정이군."

물론 수정자본주의는 어디까지나 '자본주의' 체제를 유지하면서, 사회주의적 요소를 가미하는 것입니다. '사회주의적' 정책을 도입한다고 해서 자본주의가 사회주의로 변하지는 않습니다. 예전에 프랑스나 영국에서 사회주의 정당들이 집권했지만 그 나라들이 사회주의 국가로 변하지도 않았습니다. 오히려 사멸한 쪽은 대놓고 '사회주의 국가'를 천명했던 소비에트 연방과 동구권 사회주의 국가들이었지요.

현재 공식적으로 '사회주의'를 유지하고 있는 나라들은 중
국과 베트남 등 몇몇 국가에 불과한데, 그 나라들의 속살을 보
면 사실 자본주의 체제와 별다를 바가 없습니다.

사회주의는
사라졌는가?

사회주의 국가들이 망해버렸으니 사회주의 자체도 사라졌느냐 하면 그건 또 아닙니다. 아직도 전 세계에는 스스로 사회주의자를 자처하는 사람들이 많고, 그들 중 일부는 정권을 잡고 나라를 운영하고 있는걸요.

프랑스의 사회당, 영국의 노동당, 독일의 사민당 등 유럽에는 집권 경험이 있는 사회주의 정당들이 많고, 남미 쪽은 현재 태반의 나라에서 사회주의 정당이 집권하고 있습니다.

지금도 전 세계 사회주의자들은 사회주의 인터내셔널(SI)란 단체를 통해 모임을 가지면서 우애를 다지고 있지요.

아, 근데 사회주의 국가들 망했다면서요? 그런데 일부 국가에선 사회주의자들이 집권하고 있다고요? 그럼 그게 사회주의국가 아닌가요?

이런 질문이 나오는 게 당연한데요. 사회주의자들이 집권했다고 사회주의 국가는 아니라는 게 함정입니다. 아니, 그보다 '사회주의'라는 게 뭔지 불분명하다는 것부터 불편한 진실이지요.

사회주의란 용어가 지구상에 등장한 이래 사회주의의 정의에 대한 명백한 합의가 없었다(!)는 게 사실입니다. 다만 한동안 소비에트 러시아가 미국과 함께 지구상의 양강 체제를 형성하면서 모든 사회주의 '논의'를 빨아들이는 바람에, 사회주의 하면 소련식 사회주의를 연상하게 되었던 거죠. 하지만 소련식 사회주의에 동의하지 않는 수많은 사회주의자들이 전세계에 널려 있었습니다.

"사회주의 하면 소비에트지, 다른 건 모두 이단이야, 이단!"

문제는 '사회주의'라는 이름 아래에 너무 다양한 스펙트럼이 존재한다는 사실입니다. '대량살상무기'라는 거짓말을 앞세워 이라크를 침략한 조지 부시의 '푸들' 토니 블레어도 '사회주의'를 표방하는 노동당의 대표였습니다.

반대편 극단을 보면, '왕조 국가'인 북한도(!) 헌법에서 마르크스의 이름 대신 김일성의 주체사상을 넣었다고는 하지만, 여전히 명목상으로는 '사회주의'를 내세우고 있지요.

언뜻 보기에도 영국과 북한은 같은 '사회주의'라고 보기에는 너무나 다르게 살고 있는 듯하지 않나요? 아, 중국과 베트남도 명목상 사회주의 국가라고 했죠. 참 난감할 따름입니다.

오늘날 '사회주의'란 용어는 가장 원시적이고 천박한 형태의 자본주의에서 종교적 색채를 띤 왕조 체제까지 아우르며 수식하는 광고 카피처럼 사용되고 있습니다. 그리고 '사회주의자'란 용어 역시 극단적 아나키스트에서 전형적인 제국주의 협력자까지 아무나 사용하는 의미 없는 명함이 되어 있고요. 그렇다면 오늘날 '진짜' 사회주의란 무엇이고, '진짜' 사회주의자는 어떤 사람일까요? 아니 그런 게 있기나 한 걸까요?

사회주의의
원조

'사회주의(socialism)'란 용어를 맨 처음 사용한 사람은 프랑스의 생시몽이었습니다. 그는 독립적으로 행동하는 근대적 주체에 방점을 둔 용어인 '개인주의'에 대비되는 용어로 '사회주의(socialisme)'를 사용했지요.

생시몽은 역시 프랑스인인 푸리에와 영국 웨일즈의 오언 등과 더불어 소위 '유토피아 사회주의(Utopian Socialism)'의 효시입니다. 우리나라에서는 '공상적 사회주의'라고 번역하기도 하지요.

생시몽은 자본가와 노동자를 특별히 구분하지 않으면서 생

산에 종사하는 사람들과 나머지 기생하는 사람들로 구분하고, 생산자들의 형제애적 연대를 기반으로 사회주의 사회를 창조하고자 했습니다. 그가 보기엔 은행가나 학자나 엔지니어나 모두 생산에 기여하는 주체들이었죠.

후일 마르크스주의자들이 보기에는 굉장히 천진난만한 사상이었지만, 당시 생시몽주의가 프랑스 사회에 끼친 영향은 상당했습니다. 참고로 나폴레옹 3세의 별명이 '마상(馬上)의 생시몽'이었습니다.

푸리에는 페미니즘이란 용어를 제일 먼저 사용한 사람으로 알려져 있습니다. 그는 여성해방 없이는 진보적인 사회의 건설이 불가능하다고 생각했습니다. 그는 실제로 미국과 멕시코, 남미, 알제리, 유고슬라비아 등 곳곳에 자신이 생각한 '공

산주의' 이념에 입각한 공동체 사회를 건설하기도 했습니다. 한때 미국에만 이런 공동체가 서른 개나 있었다고 하네요.

미국인 로버트 오언 역시 작은 규모로나마 직접 사회주의 사회를 만들어보려고 했습니다. 그는 자신의 경험을 살려 미국의 한 마을을 자신이 생각한 이상적인 사회주의 사회로 변화시키려 시도한 것입니다.

그는 영국에서 25년 동안 공장의 매니저로 일하면서 한 마을 주민들의 생활을 완전히 바꿔놓았습니다. 오언의 공장에서 노동자들은 안정적인 의식주와 의료 서비스를 누렸고 아동노동과 체벌은 엄격하게 금지되었습니다. 1933년 아직도 대부분의 노동자들이 하루 15시간 이상 노동할 때 오언과 동료들은 하루 8시간 노동제를 주장했습니다.

오언은 1825년 인디애나 주 뉴하모니에서 화폐 사용을 폐지한 사회주의 공동체를 설립했으나 몇 년 못 가서 실패를 자인합니다.

생시몽, 푸리에, 오언은 마르크스가 '유토피아 사회주의자'라고 평가절하한 대표적인 인물들입니다. 19세기 초에는 이 외에도 다양한 갈래의 사회주의 운동들이 있었습니다. 다만 '사회주의'라는 용어를 사용하지 않았을 뿐 마르크스주의만큼 혁명적인 바뵈프(François-Noël Babeuf), 블랑키(Louis Auguste Blanqui) 등의 과격 세력들도 있었지요. 마르크스와 엥겔스가 '과학적 사회주의'를 내세우면서 사회주의 운동의 중심에 들어서기 전까지는 일종의 '춘추전국시대'였다고 할 수 있겠습니다.

> 공산주의 혁명에서 프롤레타리아가 잃을 것은 족쇄뿐이고 그들이 얻을 것은 전 세계이다. 전 세계 노동자들이여, 단결하라!
>
> _『공산당 선언』(1848년 2월 21일)

과학적
사회주의란?

사실 마르크스를 비롯한 '신세대' 사회주의자들 역시 유토피아 사회주의자들의 영향을 많이 받았습니다. 이를테면 생시몽은 마르크스보다 한참 전에 "사회주의의 발전에 따라 궁극적으로 국가가 사라질 것이다" 같은 전망을 했습니다. 그리고 마르크스의 사회주의 이론이 정말 '과학적'이었나 하는 점도 좀 의문입니다.

19세기가 과학 만능주의가 유행하던 '과학의 세기'였던 만큼 마르크스 역시 그러한 분위기에서 벗어나기 어려웠다 정도로 보는 게 맞습니다.

"마르크스의 사적 유물론을 실험이나 관찰 같은 경험적 방법으로 검증할 수 있을까요?"

하여튼 마르크스의 '과학적 사회주의 이론'은 어떤 것이었을까요?

그에 따르면 한 사회는 경제적 '하부구조'와 정치·문화적 '상부구조'로 이루어집니다. 여기서 핵심적 역할을 하는 쪽은 하부구조로서, 이것이 바뀌면 자연스럽게 상부구조에서도 변화가 일어납니다. 경제적 하부구조는 '생산관계'라고도 부르는데요. 생산관계란 인간에게 필요한 재화와 용역을 생산하기 위해 어떤 체제를 구성했는가 하는 문제입니다. 생산관계에 따라 생산양식도 변하는데, 마르크스는 인류의 역사를 생산양식이 변해온 역사로 설명합니다.

마르크스는 이러한 변화를 필연적인 것으로 봤는데요. 따라서 본인의 의도와 관계없이 '마르크스주의자'들은 역사에

"인류 사회는 원시 공산주의 → 노예제 → 봉건제 → 자본주의 → 사회주의 생산양식으로 발전합니다."

"아직 자본주의화도 되지 않은 러시아에서 무리하게 사회주의 혁명을 시도하다니…."

는 어떤 법칙이 있고, 그 법칙에 따라서 인류는 발전한다고 생각했습니다. 소위 '역사 발전 법칙'이죠. 이를테면 러시아의 플레하노프 같은 유명한 마르크스주의자는 레닌이 주도한 러시아 혁명이 성공하자, 이는 역사 발전 법칙에 따른 자연스러운 변화가 아니라며 반대하기도 했습니다.

마르크스주의 이론은 '경제적' 하부구조(토대, base)가 정치·문화적 상부구조를 결정한다는 도식 때문에 '경제결정론'으로도 불립니다. 그러나 "경제가 바뀌면 정치와 문화가 자동적으로 바뀐다"라는 식으로 단순하게 설명하는 마르크스주의자는 거의 없습니다. 대부분 어느 정도는 정치와 문화 부문의 능동적인 역할을 인정하면서, "다만 근본적으로는 경제적 변화가 나머지를 제어한다"라는 식으로 말하지요.

상부구조(정치, 문화)

↕ (상호 영향)

하부구조(토대: 경제)

자본주의, 사회주의, 공산주의

생산양식의
변화

이쯤에서 마르크스주의에서 말하는 생산양식의 변화에 대해 좀 더 상세하게 알아봅시다. 인류사에서 가장 먼저 등장하는 '원시 공산주의' 생산양식은, 쉽게 말해 '그날 벌어 그날 먹는' 경제체제라고 보면 됩니다.

여러분이 원시시대를 배경으로 하는 영화나 다큐멘터리를 보신 적이 있는지 모르겠는데요. 최초의 인류는 움막 같은 곳에 거주하면서 집단생활을 하고, 수렵과 채집을 통해 먹을 것을 구했습니다. 구한 음식(먹이)을 다 먹고 나면 남는 게 없었죠. 물론 그중 힘이 세거나 여타 이유로 권위가 있는 자가 좀

"너희들 뭐 좀 남는 거 없니?"

"있을 리가 없잖아."

더 양질의 음식을 더 섭취할 수는 있었겠지만, 누가 누구를 착취할 정도로 자원이 많지 않았으므로 싫든 좋든 '공산주의 사회'를 유지할 수밖에 없었지요.

마르크스의 '영혼의 콤비' 엥겔스는 『가족, 사적 소유 및 국가의 기원』에서 당시의 인류학적 성과를 바탕으로(주로 모건의 이론을 인용하면서) 원시 공산주의 사회에서 노예제 사회로 이행하는 과정을 설명합니다.

마르크스와 엥겔스 시대 이후의 인류학적 성과들을 보아도 역시 여러 원시사회에서 비슷한 모습이 나타나고 있습니다. 즉 많은 원시부족들이 수렵과 채취를 통해 충분한 식량을 확보하면 더 이상의 '축적'을 위한 노력을 하지 않는 것이 관찰되었습니다. 다만 수렵이나 채취를 위한 '생산수단'의 소유와 관리는 '사회' 단위라기보다는 가족이나 소규모 씨족집단이 하는 경우가 많다고 하네요.

그런데 인류가 농업을 시작하면서 모든 것이 바뀌기 시작했습니다. '농업'은 일종의 원시시대의 '과학혁명' 비슷한 건데요. 인류는 처음으로 '장기적인 계획을 세워서' 식량을 생산하기 시작했고, 이는 비약적인 생산량의 증대로 이어졌습니다. 다시 말해 남는 것, 즉 잉여(surplus)가 발생했죠. 따라서 이때부터 '일하지 않아도 먹을 수 있는 존재'가 구조적으로 가능하게 되었습니다. 노예제는 이러한 경제적 조건에 따른, 역사적으로 필연적인 사회제도이자 생산양식이었습니다.

여기서 주목할 것은 결국 '생산력'의 증대에 따라 '생산관계'가 변모했다는 점입니다. 농업이라는 '과학혁명'을 통해 식량 증산이 일어나지 않았다면 노예제라는 생산관계는 나타날 수가 없었지요. 이렇게 마르크스의 사적 유물론은 생산력의 증대가 어느 한계에 도달하면 생산관계의 변화를 불러온다고 설명합니다. 따라서 노예제 사회에서 생산력 증가가 한계에 도달하면 또 한 번 생산관계의 변화가 일어나지요. 그 결과 나타나는 것이 봉건사회입니다.

지역별로 영주가 큰 장원을 소유할 뿐 아니라 그 장원에 속하는 농노들까지 소유하는 서구 중세의 사회체제가 봉건제입니다.

부르주아 혁명과
자본주의의 탄생

앞서 17세기경부터 근대 과학이 비약적으로 발전하기 시작했다는 이야기를 했죠. 그렇습니다. 봉건 영주들이 지배하던 시절에도 과학혁명은 일어났고, 그에 따라 생산력이 눈부시게 발전하기 시작했습니다.

혁명적 직조 기술 덕분에 모직 산업이 발전하자, 영주들은 마을의 농노들을 몰아내고 그 자리에 초지를 조성하여 양을 기르기 시작했죠. 실제로 이런 일이 영국에서 대규모로 일어났는데요. 이를 '인클로저(enclosure) 운동'이라고 부릅니다.

영국의 대규모 축산업은 이때 시작된 겁니다. 여담이지만,

처음엔 양으로 시작해서 나중에는 소로 넘어가고, 소들에게 축산 부산물을 먹이면서 광우병도 시작되는 거죠.

자본주의(혹은 자본주의적 생산관계)는 이렇게 탄생했습니다. 일찌감치 세상의 변화를 눈치챈 일부 영주들은 자본가로 변신했고, 자본가들은 더욱 큰 부르주아지가 되었죠. 들판에서 쫓겨난 농노들은 도시로 가서 공장에서 일하는 프롤레타리아트가 되었구요.

그런데 경제는 자본주의인데 정치는 봉건제라면 좀 곤란하잖아요? 자본주의적 생산양식에서 실질적인 힘을 지닌 부르주아지들은 자신들의 주도하에 정치적 상부구조도 변화시켜 버립니다. 그게 바로 영국의 명예혁명이나 프랑스혁명 같은 부르주아 혁명이죠.

마르크스주의에서 국가는 기본적으로 '한 계급이 다른 계급을 지배하기 위한 도구'입니다. 즉 자본가들은 착취에 대한 노동자들의 필연적인 반발을 억압 또는 무마하기 위해 군대,

"사실 난 이게
부르주아 혁명이란 건 몰랐어."

경찰, 행정공무원 등을 동원합니다. 홉스나 로크, 루소 등에게서 들었던 '사회계약론'과는 많이 다르죠?

부르주아 혁명을 통해 국가기관을 장악한 자본가들은 더욱 공격적으로 이윤 추구를 시작하고, 생산력을 비약적으로 발전시킵니다. 자본가들은 경제는 자기들이 알아서 할 테니, 국가는 도둑만 열심히 잡으라고 했죠. 이것이 소위 19세기 '야경국가'의 '자유방임경제'입니다.

세상은 이제 자본가의 세상이 되었습니다. 자세히 보면 이건 노동자의 세상이기도 합니다. 자본주의의 발전에 따라 노동자들의 숫자도 엄청 늘어났거든요. 따라서 이제 사회는 노동자와 자본가라는 두 계급으로 뚜렷하게 나뉩니다.

그런데 자본가는 속성상 최대한의 이윤 추구가 목적이라

"봉건제의 잔재들이 생산력 발전을
저해하고 있는 게 큰 문제입니다."

노동자의 생활 여건 따위는 처음부터 알 바가 아닙니다. 예나 지금이나 사장의 바람은 봉급을 적게 주고 일은 많이 시키는 것이죠. 물론 노동자들은 이에 반발하는 게 당연하고요. 따라서 본격적인 '계급투쟁'의 소지를 제공했습니다.

자본주의, 사회주의, 공산주의

사회주의 혁명은
필연?

마르크스에 따르면, 자본주의 역시 어느 시점에는 생산관계가 생산력에 맞지 않게 됩니다. 즉, 생산력은 비약적으로 발전했는데, 자본주의라는 생산관계가 더 이상의 발전을 가로막는다는 거죠.

바로 이 시점에서 인류는 사회주의적 생산관계로 이행하는데, 그냥은 안 되고 '혁명'을 한 번 거쳐야 합니다. 1688년 영국의 명예혁명 같은 평화 혁명이 될지, 1789년 프랑스 혁명 같은 유혈 혁명이 될지, 실제로 일어나기 전에 혁명의 형태는 모르지만, 하여튼 그냥은 안 넘어간다는 거죠.

"파리 코뮌(1871년 3월 18일 ~ 5월)은
역사상 최초의 노동자 자치 정부였죠."

여기까지가 19세기 마르크스주의자들이 생각했던 일반적인 역사 발전의 경로였고, 이런 생각을 갖고 사회운동에 참여한 사람들이 꽤 많았습니다. 실제로 19세기에는 프랑스, 독일 등 여러 나라에서 노동자들 중심의 혁명과 폭동이 많이 일어나기도 했습니다. 그중에서도 보불전쟁 직후인 1871년 파리에서 성립된 '파리코뮌'은 결국 진압되었지만 전 세계의 혁명적 노동자들의 가슴을 설레게 하기에 충분했습니다.

진짜로 역사가 어떤 '법칙'대로 발전한다면 얼마나 좋을까요? 그렇다면 우리는 '법칙'에 기대어 역사를 분석하고 '예측'까지도 할 수 있지 않겠습니까? 하지만 역사가 그런 식으로 발전한다는 증거는 매우 부족합니다.

마르크스가 말하는 생산양식 발전의 5단계도 안 들어맞는 사례가 많지요. 마르크스 본인도 후일 중국이나 일본 같은 아시아 지역은 '5단계'에 없는 '아시아적 생산양식'을 지니고 있다고 인정했습니다.

"우리 마을엔 영주도 없고 농노도 없어요.
그냥 가난한 농민들과 지주만 있죠."

그리고 인류사는 '필연성'으로 분석하기에는 우연이 너무나 많이 작용합니다. 페르시아 전쟁에서 그리스가 이긴 건 아무리 분석해봐도 '필연'이라고 하기는 어렵습니다. 아테네인들이 '나무로 만든 성벽'이란 신탁을 받고 살라미스 해전을 벌여 승리한 건 역시 우연의 힘이 컸다고 봐야 하지 않을까요?

펠로폰네소스 전쟁에서 델로스 동맹을 지휘하던 강대한 아테네가 스파르타에 패배한 것도 예상하기 어려운 일이었지요. 아테네를 덮친 역병과 그에 따른 페리클레스의 사망이라는 사건이 아니었으면 결과는 달라졌을 겁니다.

거대한 인류사의 흐름에 비하면 페르시아 전쟁과 펠로폰네소스 전쟁은 사소하다고 할 수도 있습니다. 그렇다면 5세기

"솔직히 말해 우리가 그리스에 진 건 우연이죠.
그건 그렇고 저는 관대합니다."

노예제 사회인 로마가 멸망하고 '봉건제' 유럽이 등장한 것은, 정말 로마의 생산관계가 생산력의 성장을 방해하고 있었기 때문일까요? 물론 아닙니다.

아틸라가 이끄는 훈족의 기병들이 중부 유럽을 유린하자, 게르만족은 이를 피해 대규모의 남하를 개시했고, 국력이 쇠퇴하던 로마를 멸망시킨 거죠. 물론 '야만족' 게르만인들이 로마인들보다 생산력을 향상시켰다고 보기는 어렵습니다. 이집트에서 스페인까지 엮은 거대한 경제권을 통해 세계적 분업의 거대한 효과를 누렸던 로마제국에 비해, 게르만인들이 만들어낸 세계는 수천 개의 손바닥만 한 농촌공동체들에 지나지 않았죠.

앞서 19세기는 과학과 진보에 대한 확신이 넘치는 시대였다고 말씀드린 적 있습니다. 마르크스주의는 바로 그러한 시대적 분위기 속에서, 헤겔의 영향을 듬뿍 받고 탄생한 역사철학입니다.

헤겔은 역사의 발전이 '절대정신'이 자신을 '외화'하는 과정

"우리가 생산력에서 로마인들보다 뛰어나다고?"

이라고 보았습니다. 헤겔에 따르면 전 우주의 '정신' 같은 게 있는데(이게 '신'일 수도 있구요), 그 정신은 인간세계의 모든 부분에 '변증법적으로' 실현됨으로써 스스로의 존재를 확인하는, 굉장히 특이한 존재입니다. 이렇게 설명하니 좀 이상하긴 한데요. 하여튼 그렇습니다.

마르크스의 사적 유물론은 헤겔의 '정신'의 자리에 '물질'을 넣은 것이라고 봐도 크게 다르지는 않습니다. 다시 말해 마르크스의 세계에서는 '정신' 대신 '물질'이 역사의 현장을 종횡무진하며 인류의 운명을 결정합니다.

"결국에는 물질적 생산력이 생산관계를 결정하고
정치·문화적 상부구조까지 결정하는 거니까요."

마르크스의 예언을
실현한 레닌

지금 와서 보면 지나치게 '예언적'인 가설이지만, 19세기 말과 20세기 초만 해도 굉장히 그럴듯한 생각이었습니다. 과학은 날로 발전해서 물질의 운동과 천체의 움직임조차 예측할 수 있는데, 역사에 법칙이 있고 예측 가능하다는 생각이 왜 이상한가? 많은 사람들이 이렇게 생각했죠.

마르크스의 예언적 교리를 가장 먼저 현실화한 인물은 레닌이었습니다. 레닌은 타고난 혁명가이자 정치인이었습니다. 그가 혁명기의 긴박한 상황에서 남긴 정치 팸플릿들은 지금 읽어 봐도 레닌의 뛰어난 정세 인식과 번뜩이는 감각을 느낄 수 있

습니다. 참고로 레닌의 대표작을 단 한 권 꼽으라면, 그가 1901
년에 쓰고 다음 해에 발표한 『무엇을 할 것인가?』입니다. 이 책
에서 그는 당시로서는 매우 생소한 "혁명은 오직 혁명만 생각
하는 직업혁명가 집단이 하는 것"이라는 주장을 펼칩니다.

일견 그럴듯한 주장 같습니다. 모든 일에는 전문가가 있으
니 혁명도 전문가들이 해야 한다? 그러나 조금만 생각해보면
이대로 혁명에 성공한다면 민주주의가 아니라 '소수의 혁명전
문가'들이 나라를 좌지우지하는 독재국가가 탄생할 가능성이
있습니다. 그래서 레닌이 『무엇을 할 것인가?』를 발표한 직후,
당시 유럽에서 가장 유력한 사회주의 정당의 지도자였던 로자
룩셈부르크나 후일 레닌의 동료가 되는 트로츠키는 레닌의 주
장대로 하면 독재로 귀결될 가능성이 크다고 비판합니다.

"사회주의 혁명은 자본주의가 발전하면 저절로 일어나는 게 아니라
강철 같은 의지를 지닌 조직된 소수가
의식적으로 주도해서 일으키는 것이다.
따라서 우리는 '대중정당'이 아니라
직업혁명가로 구성된 전위당을 만들어야 한다."

"레닌은 역시 차르의 나라에서 온 사람이라 생각이 많이 거칠어."

2월 혁명 직후 레닌의 활약은 더욱 돋보입니다. 러시아의 사회주의자 다수는 "이건 부르주아 혁명이니까, 자본주의가 더 성숙할 때까지 기다려야 해"라고 생각했지요. 사실 당시 러시아는 아직 농업국가였고, '노동계급'이라고 해봐야 전인구에 비하면 극히 적은 비율이었습니다. 그런데 다들 머뭇거리고 있을 때, 독일에 망명 중이던 레닌은 '밀봉열차'를 타고 급거 귀국합니다. 그리고 몇 달 만에 10월 혁명을 성공시켰습니다. 실은 레닌은 7월에도 혁명을 시도하다가 실패하고 잠시 핀란드로 도망갔다가 왔습니다.

러시아에서 2월 혁명이 발발하고 차르가 퇴위하자, 스위스에서 망명 중이던 레닌은 러시아로 급거 귀국하기로 결심합니다. 하지만 1차 세계대전이 한창 진행 중이라 페트로그라드까지 갈 방법이 없었지요. 그는 당시 '적국'이었던 독일 측과 협상을 통해, 자신을 포함한 32명의 러시아 혁명가들을 독일 땅을 거쳐 러시아 페트로그라드까지 보내줄 열차를 얻어내는

데 성공합니다. 독일은 레닌이 러시아를 전쟁에서 빼내려 한다는 걸 알고, 그들을 도와준 것입니다. 독일 측이 이 사실을 비밀로 하기 위해 레닌과 혁명가들이 탄 열차를 글자 그대로 '밀봉'하여 누구와도 접촉하지 못하게 했다는 설이 있지만, 실제로는 몇몇 역에 내려서 지인들을 만나기도 했다고 합니다. 레닌은 이때 독일의 도움을 받았기 때문에 1917년 내내 '독일의 첩자'라는 의심을 삽니다.

1917년 3월초 페트로그라드(상트페테르부르크) 노동자들의 파업에서 시작된 혁명으로 러시아의 마지막 차르 니콜라이 2세가 폐위하고 케렌스키(1917년 니콜라이 2세의 폐위 이후 임시정부의 수장을 맡은 인물. 변호사 출신의 온건한 사회주의자였던 그는 혁명적 상황에서 우유부단한 정책으로 비난받았는데, 특히 당시 진행 중이던 1차 세계대전에서 빠져나오지 않은 것이 결정적 실책이었다)가 지휘하는 임시정부가 들어섰습니다. 그러나 1차 세계대전 중이었던 상황에서 케렌스키 정부는 전쟁도 민생도 제대로 챙기지 못하는 바람에 민중의 지지를 잃었고, 마침내 11월 7일 레닌이 주도하는 볼셰비키 군대 1000여 명이 케렌스키 정부를 타도하고 소비에트 러시아 수립을 선언했습니다. 이것이 역사상 최초의 마르크스주의 혁명이자, 역사상 최초의 명실상

"소련이 망하기 전만 해도 중국이 아니라
우리가 넘버 투였다고. 그것도
미국과 거의 비등한 상대였다니까."

부한 사회주의 국가의 성립입니다.

물론 차르 체제의 러시아는 망할 만했습니다. 당시 러시아는 한 줌도 안 되는 무능한 왕족과 귀족들이 1억이 넘는 농민과 노동자들을 착취하는 그야말로 최악의 중세적 국가였으니까요. 1905년 1월 노동자들이 페트로그라드의 겨울궁전에 있는 차르를 향해 근로조건 개선을 호소하자, 차르의 군대는 총으로 응답합니다. 이것이 그 유명한 '피의 일요일' 사건입니다.

이렇게 러시아의 지배계급은 자기 나라 민중들에겐 강했지만, 같은 해 일본과의 전쟁에서는 처참한 패배를 당한 걸로 보아 대외적으로는 굉장한 약체였던 걸로 보입니다.

"1905년 러일전쟁에서 당시
러시아가 자랑하던 무적의 발틱함대가
우리나라 동해에 가라앉았지요."

자본주의, 사회주의, 공산주의

러시아 혁명의
경과

여기서 러시아 혁명 이야기를 조금 더 해보겠습니다. 우리나라에서는 러시아에서 10월 혁명이 일어날 때까지의 상황에 대해서는 아는 사람도 많고 논의도 많은데, 그 이후에 어떤 일이 벌어졌는지에 대해서는 이상할 정도로 알려진 바가 적은 것 같아요. 이것도 어쩌면 학생운동이 활발하던 1980년대에 다들 '혁명'을 어떻게 이루는가에 대해선 관심이 많았지만, 혁명 이후는 그때 가서 생각해도 되는 거 아닌가 했던 정서 때문이 아닐까 싶기도 합니다.

하지만 현실 사회주의의 잘못을 반성하기 위해서라도 혁명

이후 소비에트 러시아의 형성 과정과 거기에 핵심적인 역할을 했던 스탈린의 행태를 좀 알아둘 필요가 있습니다.

형식적으로만 보면 10월 혁명은 "다수 민중의 봉기가 아닌, 소수 병력을 동원한 권력 탈취", 즉 쿠데타가 맞습니다. 그리고 러시아 혁명의 실무 총책임자는 소비에트의 혁명위원회 의장이었던 트로츠키였습니다. 그는 주변 볼셰비키들도 눈치채지 못할 만큼 은밀하게 쿠데타를 준비하고 실행에 성공했습니다. 그가 쿠데타에 동원한 병력은 노동자들로 구성된 적위대와 페트로그라드 인근에 주둔한 러시아군 중 볼셰비키들이었습니다. 소련의 거장 세르게이 예이젠시테인(Sergei Eisenstein)이 만든 영화 〈옥토버〉를 보면 군중들이 겨울궁전으로 밀물처럼 쏟아져 들어가는 장면이 나오는데요. 실제로 그런 일은 벌어지지 않았습니다.

1917년 10월 24일(러시아 구력) 아침부터 페트로그라드 시내 곳곳의 요충지들(우체국, 전신국, 기차역, 두마)에 볼셰비키 병력이 배치되었고, 마지막으로 남은 곳이 임시정부 요인들이 모여 있는 겨울궁전이었습니다. 그때부터 볼셰비키와 임시정부를 지키던 카자크(Kazak, 15세기 후반에서 16세기 전반에 걸쳐 러시아 중앙부에서 남방 변경지대로 이주하여 자치적인 군사 공동체를 형성한 농민 집단)와 사관생도, 여군 등의 대치가 시작되었는데, 시간이 흐르면서 볼셰비키가 점점 우세해지자 겨울궁전의 병력들이 하나씩 빠져나가기 시작했습니다. 반면 쿠데타군 병사들이 '스폰지에 물이 스미듯이' 궁전으로 하나씩 들어갔습니다. 당시 겨울궁전에 남아 있던 각료들의 회고에 따르면 "어느 순간 주변이 쿠데타군으로 가득했다"고 합니다.

다음날 새벽 예정되어 있던 전국 소비에트 대회에서 볼셰비키는 임시정부의 퇴진과 소비에트 권력의 성립을 선포합니다. 물론 대회에 참석한 멘셰비키(Mensheviki)와 사회혁명당 당원들은 항의했지만 볼셰비키(Bolsheviki)의 무력에 굴복하고 말았지요.

참고로 볼셰비키는 러시아 혁명의 전 기간 동안 단 한 번도 투표에서 다수당이 된 적은 없습니다. 심지어 10월 혁명 이후에 실시한 제헌의회 선거 결과 다수당은 전체 투표수의 41퍼센트를 차지한 사회혁명당이었습니다. 볼셰비키는 고작 24퍼센트 정도를 얻었을 뿐입니다. 제헌의회는 선거를 통해 정당성을 확보했으므로 권력을 장악하려고 시도했으나, 볼셰비키는 의사당에 병사들을 보내 의회를 간단히 해산시켜버렸지요.

당시 러시아의 인구 구성을 살펴보면 그럴 수밖에 없다는 생각도 드는데요. 볼셰비키가 우세했던 지역은 도시 중에서도 노동자 밀집 지구였거든요. 그들은 노동자와 전쟁에 지친 병사들의 지지를 믿고 쿠데타를 감행한 것입니다. 반면 사회혁명당은 러시아 전인구의 80퍼센트 이상을 차지하는 농민들이 지지기반이었습니다. 그들은 지식인들이 농촌에 뛰어들어 농민들과 함께 생활하던 '브나로드(민중 속으로)' 운동으로 유명한 나로드니키(Narodniki)의 후예들입니다. 그러니 볼셰비키가 선거로는 사회혁명당을 이길 수 없지요.

자본주의, 사회주의, 공산주의

휴전과
내전

혁명은 페트로그라드의 겨울궁전을 차지한 것으로 끝나지 않았습니다. 볼셰비키가 차지한 지역은 페트로그라드와 모스크바를 비롯한 몇몇 도시에 불과했지요. 그런 도시 지역조차도 완전히 장악했다고 보기는 어려웠고요. 당연히 '반(反)혁명' 또는 임시정부를 복원하려는 세력의 반격이 뒤따랐습니다. 볼셰비키 정권에 반대하는 외국의 간섭도 있었는데 영국과 프랑스, 미국, 심지어 일본에서도 군대를 파견했어요. 특히 일본은 블라디보스톡을 통해서 약 8만 명의 병력을 보냈는데, 이 때문에 스탈린이 앙심을 품고 제2차 세계대전 이후 일본군

포로의 송환을 늦추었다는 말이 있습니다.

그리고 여전히 독일과 전쟁 중이었으므로 휴전을 추진하는 게 당장 급한 일이었습니다. 이 문제 역시 트로츠키가 나서서 해결하려고 했는데요. 이번에는 일이 잘 풀리지 않았습니다. 독일 측과 의견이 잘 조율되지 않자, 트로츠키는 "전쟁도, 평화도 없다"라는 노선을 천명하고 협상장을 그냥 떠나버렸습니다. 물론 이런 전략이 통할 리가 없었죠. 독일군이 페트로그라드 바로 코앞까지 쳐들어오자 레닌은 급히 휴전 협상을 재개했고, 브레스트-리토프스크에서 열린 협상에서 러시아 영토의 상당 부분을 양보하는 타협안에 서명했습니다.

트로츠키는 이론가이자 연설가로 이름이 높았지만, 의외로 군사 분야의 역할도 맡았던 모양이에요. 이후 그는 거의 백지

브레스트-리토프스크 협상 결과

러시아는 짙은 색 부분의
땅을 내주었다.

자본주의, 사회주의, 공산주의

상태에서 붉은 군대(赤軍)를 건설하고, 약 3년 동안 전 러시아를 누비며 백군(白軍)과 싸웠습니다. 그리고 우여곡절 끝에 트로츠키와 붉은 군대는 승리했습니다.

한편 혁명 이후 수도를 모스크바로 옮긴 레닌은 '반혁명 방해공작 대처를 위한 국가특수위원회' 혹은 체카(Cheka)라는 이름의 비밀경찰을 조직했는데요. 레닌은 체카에 사법권뿐만 아니라 '즉결 처분권'까지 주었습니다. 다시 말해 '반혁명분자'를 체포한 자리에서 사살할 수 있었지요. 1917년 12월 발족 당시 40명에 불과했던 체카 요원의 수는 1918년 가을에 무려 2만 명으로 불어났고, 1919년 가을에는 10만 명이 되었습니다. 체카의 수장 제르진스키는 폴란드 귀족 출신의 공산주의자였습니다. 세평에 따르면 그다지 명민하지는 않았지만 충직한 성격으로 레닌에게 신임받았다고 합니다.

전시공산주의와
NEP

내전 기간 동안 극도의 경제난을 맞이한 소련은 소위 '전시공
산주의' 정책을 실시했는데요. 기업체를 국유화하고, 생산을
중앙집권화하며, 사적인 상거래를 금지하고, 농촌에서 식량
을 강제 징발하는 등 글자 그대로 공산주의 정책이었습니다.
이렇게 되자 특히 농민들이 강하게 반발했지만, 물론 볼셰비
키의 총칼 앞에서는 아무런 소용이 없었습니다.

하지만 전시공산주의 체제하에서 산업 생산성이 떨어지고
농민들의 반발이 지속되자, 내전이 끝난 1921년 소련은 신경
제정책, 소위 네프(NEP, New Economic Policy)를 도입합니다.

네프는 한마디로 자본주의를 조금 인정하는 정책이었는데요. 이에 따라 소련은 소규모 회사와 상거래를 허용하고, 농민들의 생산물을 징발하는 대신 현물 징세를 채택했습니다. 덕분에 일시적으로 경제가 활기를 띠었죠. 도시에는 소위 '네프만(NEPman)'이라는 부자들이 나타나고, 농촌에도 부농이 등장합니다.

그러나 레닌과 스탈린을 비롯한 볼셰비키에게 네프는 어디까지나 일시적인 타협책이지 결코 정상적인 정책이 아니었습니다. 당내의 반대를 무릅쓰고 네프를 추진했던 레닌조차도 자신의 정책이 성공하고 있음에 대해 곤혹스러워했는데요. 볼셰비키가 혁명을 성공시켰음에도 불구하고 "생산수단의 사적 소유를 철폐한다"라는 원칙을 포기한 것처럼 보였으니 민망했던 거죠. 도시에서는 소규모 자본가들이 사업을 하고, 농촌에서는 모든 농민들이 자신의 땅에서 자신의 도구로 농사를 짓고 있는데 이걸 사회주의라고 부를 수 있을까요?

1920년 모스크바를 방문한 영국의 유명한 철학자 버트런드 러셀이 레닌에게 다음과 같이 말했습니다. "도시는 사회주의인데, 농촌은 자본주의더군요." 그러자 레닌은 그답지 않게 횡설수설하다가 너털웃음으로 말을 돌렸지요. 여담이지만 러셸에 따르면, 레닌이 예상 외로 영어를 잘해서 모든 대화는 영어로 이루어졌다고 합니다.

마르크스주의의
'공상'적 성격

사실 혁명보다 더 어려운 건 혁명 후에 '무엇을 할 것인가?'였습니다. 돌아보면 굉장히 놀라운 일이지만 당시 마르크스를 비롯하여, 그 누구도 막상 사회주의 혁명에 성공하면 구체적으로 무엇을 해야 할지 생각하고 기록으로 남긴 사람이 아무도 없었습니다.

마르크스에 따르면 사회주의는, 경제적으로는 생산수단의 사회화, 정치적으로는 프롤레타리아 독재가 중요한 특징입니다. 그런데 생산수단의 사회화란 게 구체적으로 뭔지, 프롤레타리아 독재라는 게 구체적으로 어떤 것인지 설명하지 않았

"땅과 공장을 국유화하라는 건가? 아니면 협동조합 형태?
그리고 독재를 하라는데 어느 정도 해야 맞는 걸까?
그리고 내가 독재를 하면 그게 프롤레타리아 독재인가?"

습니다. 이 지점이야말로 마르크스주의의 '공상'적 성격을 잘
드러내고 있습니다.

마르크스는 사회주의가 발전의 정점에 다다르면 역시 체제
의 모순을 견디지 못하고 공산주의 단계로 이행할 것이라고
보았습니다. 그리고 공산주의 사회에서는 기존의 사회적 분
업이 사라지고 각자의 인간은 자신의 취향과 잠재력을 실현
할 수 있을 것이라고 예측했습니다. 그러나 사회주의가 어떤
구체적인 경로를 통해 발전하는지에 대해서는 한마디도 없었
다는 게 문제였지요.

공산주의 사회에서는 아무도 한 가지 일에만 종사하지 않아도 된
다. 누구든지 사냥꾼이나 어부, 목자나 비평가가 아니어도, 아침에

는 사냥하고 오후에는 고기를 잡고, 저녁에는 가축을 돌보고, 저녁 식사 후에는 비평을 할 수 있다.

_카를 마르크스, 『독일 이데올로기』 중에서

여기서 잠깐, 사회주의와 공산주의는 이렇게 다른 거구나, 하는 독자가 있을지도 모르겠습니다. 네, 마르크스는 저런 식으로 정의한 적이 있습니다. 사회주의가 발전하면 공산주의가 된다고요. 그러나 마르크스뿐 아니라 많은 사회주의자들이 사회주의와 공산주의를 거의 같은 의미로 사용한 적이 매우 많고, 지금도 비슷한 뜻으로 사용하는 사람들이 많습니다.

참고로 현재 여러 나라의 사회민주당에 있는 이들도 스스로 사회주의자라고 부르고, 19세기 사회주의자들도 스스로 사회민주주의자라고 부르기도 했습니다. 레닌도 한때는 스스로를 일러 사회민주주의자라고 했지요. 다시 말해 전 세계적으로 사회주의, 공산주의, 사민주의 등의 명칭은 굉장히 혼란

"사회주의가 공산주의고
공산주의가 사회주의고 그렇죠.
세상이 다 그렇고 그런 거 아니겠어요? 하하."

스럽게 사용되고 있다는 얘깁니다.

그러나 우리나라에서는 독특하게도 사회주의는 소비에트 러시아식의 사회주의, 사민주의는 독일이나 스웨덴식의 사민 주의, 공산주의는 그 둘과도 다른 무언가 굉장히 무시무시한 것으로 이해하는 분들이 많지요.

스탈린의
집권

다시 러시아 혁명 직후로 돌아가죠. 1924년 레닌이 지병으로
사망하자, 스탈린이 권력투쟁 끝에 그의 뒤를 이었습니다. 다
들 트로츠키가 2인자라고 생각했지만, 뚜껑을 열어보니 당내
유력자들은 스탈린과 손을 잡았다는 게 드러났지요.

흔히들 세계 혁명을 지향한 트로츠키와 러시아 내의 '일국
사회주의'를 주장한 스탈린과의 이론적 대립이 문제의 핵심
이었다는 인식이 있는데요. 실은 두 사람의 대립은 이론보다
는 그냥 권력 다툼의 성격이 강했습니다. 당시 레닌과 스탈린
등 볼셰비키들 사이에서는 독일을 비롯한 유럽 '선진국'들에

서 혁명이 일어나주지 않으면 러시아 혁명도 위험하다는 게 일반적인 인식이었습니다. 즉, 러시아 혁명은 앞으로 일어날 유럽 혁명의 전조일 뿐이란 거죠.

실제로 1918년 11월 제1차 세계대전이 끝나면서 독일을 비롯한 유럽 여러 지역에서 봉기가 일어났고 일부 지역에서는 소비에트도 구성되었습니다. 독일은 뮌헨을 중심으로 소비에트 공화국이 선포되었고, 라트비아, 에스토니아 등 발트 국가들과 헝가리 등에서도 일시적으로 혁명 정권이 수립되었지요. 하지만 볼셰비키의 기대와는 달리 그 모든 지역에서 혁명 정권은 패퇴하고 말았습니다.

상황이 이렇게 되자 러시아에선 누구 할 것 없이 세계 혁명이 금방 되는 게 아닐 거라고 짐작하기 시작했지요. 다들 원칙적으로는 세계 혁명을 지원하고 기다려야 하지만, 이제 무조건 유럽에서 혁명이 곧 일어나고 성공할 거라고 믿을 수 없는 상황이 된 것이죠. 디테일에서는 약간의 이견이 있었지만 결정적인 대립은 일어나지 않았습니다. 영구 혁명의 대변자 트로츠키라고 해서 별 수 있나요. 기대하던 유럽 혁명이 이미 실패해버렸는걸요.

하여튼 스탈린은 레닌 사후 지노비예프, 카메네프 등 유력

볼셰비키와 연합하여 소위 '3인방'을 결성하고 철저하게 트로츠키 세력을 억압하고 자신의 세력을 키우죠. 그런 다음 스탈린 본인의 세력이 커지자 지노비예프와 카메네프도 내쳐버립니다. 그리고 마침내 1929년 트로츠키를 해외로 추방했고, 스탈린은 러시아 공산당 내의 유일무이한 실권자가 됩니다.

● 농업 집단화

'집권'에 성공한 스탈린이 가장 먼저 벌인 일이 농업 집단화인데요. 그는 볼셰비키들이 민망해하던 '농촌 자본주의'를 사회주의화하기로 결정하고, 모든 농민을 콜호스(kolkhoz, 집단 농장)에 소속시켰습니다. 다시 말해 개별 농민의 토지를 몰수하여 집단 농장에 소속시키고, 농민을 그 농장에 속한 농업 노동자로 만드는 거죠.

집단 농장에 내 땅과 소와 말을 다 바치고 당이 내 고용주가 된다구요? 러시아 농민들은 다시 농노가 되는 거나 다름없다고 생각했지요. 당연히 반발이 없을 수가 없었습니다. 스탈린은 부농들을 본보기로 처벌하는 것으로 반발을 억제하려했습니다. 집단화 초기 3년 동안 당이 쿨라크(kulak, 부농층)으로 규정한 약 1000만 명의 '조금 더 잘사는 농민'들이 유형지에서 강제 노동을 했지요.

그러나 농민들의 저항을 완전히 억누를 수는 없었어요. 집단농장에서 관리인의 지시에 따르지 않는 소극적인 사보타주에서 관리자에 대한 물리적인 공격까지 농민들의 저항이 끊이지 않았습니다. 이러니 농사가 잘될 리가 있나요. 농업 집단화를 시작한 첫해인 1929년에는 운이 좋아서 풍년이 들었지만 다음 해부터 내리 3년 동안 흉작을 겪었고, 곧 러시아인들은 기아에 시달리기 시작했습니다. 혁명기 러시아사에 해박한 역사가 올랜도 파이지스(Orlando Figes)에 따르면 1930년부터 1933년 사이에 460만에서 850만 명 사이의 사람들이 기아나 질병으로 사망했다고 합니다.

● 대숙청

스탈린의 생애를 연구하는 학자들이 가장 곤혹스러워하는 부분이 바로 1936년에서 1938년 사이에 진행된 대숙청(Great

Purge)입니다. 물론 스탈린은 그 전에도 정적들을 수시로 숙청했습니다. 참, 여기서 숙청이라고 하면 대개 '처형'을 의미합니다. 차르 때만 해도 정치범은 시베리아로 유형(流刑)을 보내는 게 보통이었는데요. 레닌과 스탈린은 정적을 처형하는 쪽을 선호했습니다. 레닌, 스탈린, 트로츠키 등 유명한 볼셰비키라면 대부분 시베리아 유형 경험이 있었으므로, 그걸로는 정적을 영원히 제거할 수 없다고 생각했던 것 같습니다.

그런데 대숙청기의 숙청은 평소의 숙청과는 다른 이상한점이 있었어요. 정적을 숙청하는 거라면 그럴 수도 있다는 생각이 들겠지만, 거의 무작위로 사람을 골라서 죽이는 게 아닌가 싶을 정도였거든요. 그것도 당의 고위간부, 고급장교, 엘리트 지식인 등 소위 사회지도층을 말살해버렸습니다.

볼셰비키들이 가장 많이 죽어나간 때가 이때입니다. 물론스탈린은 볼셰비키 출신과 멘셰비키 출신을 차별하지 않고공평한 비율로 죽였습니다. 그래서 히틀러보다 공산주의자를많이 죽인 유일한 인물은 스탈린이라는 말이 생겨났지요. 공산당원만 죽인 게 아닙니다. 군부의 장교들을 워낙 많이 죽여버려서 몇 년 후 2차 세계대전이 발발했을 때 소련군을 지휘할 장교가 엄청나게 부족했을 정도입니다.

물론 숙청할 때는 반혁명주의자 또는 서구의 스파이라는 딱지를 붙여서 죽였습니다. 트로츠키주의자, 지노비예프주의자, 카메네프주의자 등 스탈린의 정적을 따르는 자라는 딱지를 붙이기도 했어요.

가끔 스탈린을 히틀러와 비교하는 사람들이 있는데요. 물론 둘 다 지독한 독재자였습니다. 다만 다른 점은 히틀러는 적어도 '동지'를 죽이지는 않았다는 정도. 스탈린은 초기 혁명 동지들을 대부분 총살합니다. 10월 혁명 직후 초대 내각의 80퍼센트를 스탈린이 죽였다고 하면 간단히 이해되실 겁니다. 스탈린은 그 외 고위 당원 1만 명 정도를 꼭 집어 처형을 지시했다고 합니다. 당시에 스탈린이 "이 친구는 살려둬" 하면서 체크한 그 명단이 아직도 남아 있습니다.

군부의 숙청은 더 황당한데요. 원수 계급의 장군 5명 중 3명, 군사령관 15명 중 13명, 제독 9명 중 8명, 군단장 57명 중 50명, 사단장 186명 중 154명, 군정치지도원 16명 전원, 군단 정치지도원 28명 중 25명을 죽였습니다. 그 외 하급장교에 대해서는 25퍼센트에서 50퍼센트 정도의 인원을 숙청했다고 추정됩니다. 다만 정확한 수치는 파악하기 어렵습니다. 참고로 여기서 군정치지도원이란 해당 부대의 지휘관과 별도로 병사들의 정치 교육과 부대의 정치적 지도를 위해 배치한 당 관료를 말합니다. 소비에트 러시아의 군부대에서 정치지도원의 영향력은 무시할 수 없는 수준이었습니다.

1936년에서 1938년 사이 진행된 대숙청의 전체 희생자의 숫자 역시 정확하게 집계할 수는 없지만, 대체로 60만 명에서 100만 명 정도로 추정합니다.

스탈린은 도대체 왜 이런 짓을 저질렀을까요? 스탈린 시대를 연구하는 학자들은 조심스럽게 몇 가지 이유를 추정합니다. 첫째, 트로츠키에 대한 두려움입니다. 해외에 추방된 트로츠키를 지지하는 세력이 여전히 국내외에 산재하는 상황에서 그가 구심점이 되어 자신의 권력을 찬탈하려는 시도가 있을지 모른다는 두려움 때문에 지나치게 선제 공격을 했다는 분석입니다. 둘째, 크레믈린 이너서클에 대한 경고입니다. 스탈린을 위협할 수 있는 유일한 세력이 있다면 스탈린과 권력을 공유하는 소수의 이너서클 인물들뿐인데, 그들에게 경고하는 방법으로는 대숙청만큼 좋은 게 없었다는 겁니다. 실제로 이 사건 이후 이너서클의 인물들은 전심전력으로 스탈린에게 아부하기 시작했습니다. 스탈린의 무게감에 질린 일부는 스트레스 때문에 자살하기도 했고요.

하지만 다 추정일 뿐입니다. 정확한 이유는 아무도 모른다고 봐야죠. 저는 스탈린을 권력에 미친 소시오패스 정도로 평가합니다. 권력에 티끌만큼이라도 위협이 되는 존재는 제거하고, 타인의 고통에 대해 전혀 생각하지 않는 인물이었던 거죠.

● **노동수용소 굴락**

실수로 체제에 대한 불만을 표시하는 등 경미한 범죄를 저지른 정치범이나 부농은 노동수용소 굴락(Gulag)으로 보내졌습니다. "요즘 설탕을 구하기 어렵다." 같은 간단한 불평만으로도 갑자기 체포되어 10년형을 받고 시베리아로 실려갈 수 있었습니다. 그리고 가축을 몇 마리 소유한 중산층 농민이거나, 아니면 실제로는 빈농이더라도 마을 사람들의 미움을 받으면 쿨라크로 지목되어 역시 유형지에서 10년을 보낼 수 있었지요.

굴락은 1919년에 최초로 생겼는데, 수감자는 해마다 늘어서 1920년대 중반 100만 명에 가까웠고, 1930년대 들어서는 150만 명 이상을 유지했으며, 1950년대 초에는 200만 명을 넘어섰다고 합니다. 참고로 노벨상 수상자인 알렉산드르 솔

제니친(Aleksandr Solzhenitsyn) 이 굴락에서 8년 동안 수형했지요. 그는 자신의 굴락 체험을 바탕으로『수용소군도』라는 작품을 썼습니다.

스탈린 사망 후 '흐루쇼프의 해빙기(Khrushchev's Thaw)'와 함께 굴락 죄수들을 하나둘씩 사면하기 시작했고, 1960년 소련은 공식적으로 굴락을 폐쇄했습니다.

2년 만에 종료된
독소불가침조약

1941년 6월 22일 독일의 서쪽을 제압했다고 판단한 히틀러는 동쪽인 러시아를 침공하는 '바르바로사(Barbarossa)' 작전을 개시합니다. 사실 원래부터 히틀러의 최종 목표는 러시아에서 스탈린을 비롯한 공산주의자들을 몰아내는 것이었어요. 히틀러는 『나의 투쟁』에서 "유대인은 인류의 암종이며 볼셰비즘(공산주의) 역시 유대인들이 인류를 파괴하기 위해 만들어낸 악질적인 사상"이라고 말했지요.

물론 1939년 8월 23일에 체결한 독소불가침조약도 기만전술에 불과했습니다. 그러나 스탈린은 어찌 된 셈인지 이 불가침조약을 철석같이 믿고 있었지요. 소련의 정보망이 독일의 침공 의도를 파악했지만 스탈린은 오히려 정보원을 숙청하는 기이한 반응을 보였습니다. 그러다가 운명의 그날 독일의 탱크와 비행기가 러시아 땅으로 밀고 들어오자 스탈린은 패닉 상태에 빠져서 다차(시골별장)에 칩거했습니다.

서부전선의 소련군은 나치의 공격에 전혀 방비가 되지 않은 상태였으므로 독일군의 상대가 되지 않았습니다. 소련의 요새들은 독일군 선봉대인 19개 기갑사단과 15개 차량화 보병사단에게 쉽게 유린당했습니다. 독일은 일주일 만에 300킬로미터를 전진하여 민스크를 함락시켰고, 리투아니아와 라트비아를 통과해 레닌그라드(옛 페트로그라드) 코앞까지 다가왔습니다. 참고로 독일군은 러시아인 절반이 사는 영토를 점령했습니다.

러시아를 구해낸 이는 주코프 장군을 비롯한 장교단과 독일군의 만행에 분노한 평범한 러시아인들이었습니다. 스탈린은 독일의 침공 후 일주일 만인 7월 1일이 되어서야 크레믈린으로 돌아왔고, 이틀 후 대국민 연설을 통해 결사항전을 호소했습니다. 스탈린은 주코프에게 전쟁을 맡기고, 본인은 자신의 특기를 살려 '패배주의자'들을 탄압하기 시작했지요.

독일군은 승리를 목전에 두고 러시아군의 강력한 저항을 마주했고, 러시아인들은 결국 레닌그라드와 모스크바, 스탈린그라드를 지켜냈습니다. 그리고 어느새 전세는 역전되어 소련군이 독일군을 밀어내고 베를린까지 진격했지요. 이 전쟁에서 소련은 약 2500만 명의 인명 손실이 있었는데요. 소련군은 독일군 병사 한 명이 죽을 때 열 명의 비율로 죽어나가면서도 독소전을 승리로 이끈 것입니다. 아무튼 본의는 아니었지만 소련군의 참전이 없었다면 나치를 이겨내기 어려웠을 것 같긴 해요.

스탈린은 소련의 공헌을 바탕으로 전후에 서방으로부터 상당한 양보를 받아냅니다. 즉 유럽의 절반을 자신의 세력권에 둔 거죠. 다만 유고슬라비아의 티토와는 대숙청 시절부터 사이가 좋지 않아서 이후에도 계속 아웅다웅하게 됩니다.

스탈린의 사망과
소련의 변화

1953년 3월 5일 스탈린이 사망했습니다. 하지만 측근들이 그가 쓰러져 있는 방의 문을 열고 들어가기를 두려워했기 때문에 사흘 후에나 시체가 발견되었습니다. 스탈린은 생전에 2인자를 만들지 않았으므로 측근들의 어정쩡한 집단지도체제가 이어졌는데요. 지도부 중에서도 NKVD(비밀경찰, KGB의 전신, '엔카베데'라고 읽는다)의 수장이던 라브렌티 베리야가 스탈린의 자리를 이어받을 것 같았습니다. 하지만 그해 1953년 12월 흐루쇼프와 주코프 등이 모의한 쿠데타가 성공하면서, 베리야는 체포된 후 처형당했습니다.

그리고 지도자로 떠오른 사람이 우리에게는 쿠바 앞바다의 미사일 대치(1962년)로 유명한 니키타 흐루쇼프입니다. 당시 자칫하면 핵전쟁이 일어날 뻔했기 때문에 흐루쇼프도 굉장히 강성이었을 거라고 생각하기 쉬운데요. 실제로는 고르바초프 이전의 고르바초프라고 해도 좋을 만큼 소련에서는 개혁적인 지도자였습니다.

1956년 모스크바에서 열린 소련 공산당 20차 당 대회에 참석한 고위 당직자들은 대회 마지막 날 엄청난 충격을 받았습니다. 서기장 흐루쇼프가 스탈린을 비판한 레닌의 유언을 공개하고, 지난 정권 시절 벌어졌던 수많은 부당한 박해와 처형 등을 언급하면서 스탈린을 비판했기 때문이죠. 많은 이들에게 스탈린에 대한 비판은 은퇴한 신(神)에 대한 비판처럼 들렸습니다.

흐루쇼프는 당원들 앞에서 이 연설 내용을 비밀로 해달라고 부탁했지만, 비밀로 묻힐 리가 있나요. 연설문은 곧 러시아뿐 아니라 전 세계 공산 국가로 퍼져나가서 큰 파장을 일으켰지요. 흐루쇼프의 스탈린 격하와 개혁 정책은 1956년 폴란드와 헝가리에서 일어난 민중봉기에도 영향을 미쳤고, 중소 분쟁의 단초가 되기도 했습니다. 이 당시 사건들을 묶어서 앞서 잠시 언급한 '흐루쇼프의 해빙기'라고 부르는 것입니다.

　그는 예전에는 철저하게 차단했던 서방의 정보를 조금씩 허용했습니다. 소련에도 할리우드 영화와 팝송이 들어오고, 젊은이들이 청바지를 입기 시작했지요. 언론 역시 예전보다는 조금 더 자유로워졌고요. 외교적으로도 놀라운 일이 이어졌는데요. 1954년에 흐루쇼프는 중국을 방문했고, 곧이어 스탈린 시절 앙숙이었던 유고슬라비아의 티토와도 관계 개선에 나섰습니다. 그리고 1959년에 미국을 방문해서 전 세계를 놀라게 했습니다. 1960년에는 뉴욕에서 열린 UN총회에서 연설하다가 구두를 벗어 책상을 치는 퍼포먼스를 하기도 했지요.

브레즈네프와
고르바초프 시대

흐루쇼프의 해빙기는 1964년 10월 그의 실각과 함께 끝나고 말았습니다. 흐루쇼프의 심복 중 하나였던 레오니트 브레즈네프는 KGB 국장 세미차스트니 등과 공모하여 흐루쇼프를 몰아내고, 스탈린 이후 가장 강력한 소련의 지도자가 됩니다.

그는 흐루쇼프의 개방 정책과 스탈린 격하 운동을 모두 원점으로 되돌렸는데요. 서방의 문물은 금지되고, 다시 정치범이 늘어나기 시작했습니다. 그래서 항간에는 짙은 눈썹으로 유명했던 브레즈네프가 '수염이 눈 위에 달린 스탈린'이라는 농담이 돌기도 했습니다. 1970년대 중반까지 체포한 정치범이 수천 명이었다고 하죠. 물론 수십만 명 단위의 정치범을 굴락에 집어넣던 스탈린 시대와 비교하면 억압의 정도는 약했다고 할 수 있지요.

브레즈네프 시대는 소련의 경제가 성장한 시대이기도 했습니다. 매년 3~4퍼센트씩 경제가 성장한 덕분에 시민들이 적어도 먹고사는 문제 만큼은 해결했지요. 물론 여전히 대부분 가난했지만 주변을 둘러봐도 특별히 부자로 보이는 사람이 없었기 때문에 상대적 박탈감은 별로 없었습니다. 그래서인지 당시 소련에서 어린 시절을 보낸 박노자는 저서에서 오늘날 정글 같은 한국 사회의 생활과 비교할 때 당시의 생활이 그리 나쁘지 않았다고 회고하더군요. 제가 보기에는 추억 보정이 좀 들어간 견해 같습니다만….

● **고르바초프 이후**

1970년대 말, 즉 브레즈네프 집권 후반기에는 계획 경제 체제의 한계 탓인지 소련의 경제 성장 속도가 둔화됩니다. 그리고 불행인지 다행인지 1982년에 브레즈네프가 사망했는데요.

이어서 집권한 인물들은 하나같이 단명(短命)하고 말았습니다. 실제로 목숨이 짧았다는 이야기입니다. 다음 서기장 유리 안드로포프와 콘스탄틴 체르넨코가 각각 2년 정도의 짧은 임기를 마치고 사망했습니다. 각자 자신만의 족적을 남기기에는 짧은 시간이었죠.

그 다음에 등장한 인물이 페레스트로이카(perestroika, 사회주의 개혁 이데올로기)로 유명한 미하일 고르바초프입니다. 원래 그는 체르넨코를 보좌하면서 개혁파로 이름을 날렸는데요. 자신이 집권하자 본격적으로 공산당과 군부의 요직에 젊은 인물들을 등용하면서 본격적인 개혁을 추진했습니다. 그는 글라스노스트(glasnost, 개방 또는 공개)라는 이름의 개방 정책을 추진했고, 미국·중국과 관계를 개선했으며, 아프가니스탄에서 소련군을 철군시켰습니다.

고르바초프의 개혁 정책은 그의 의도와 상관없이 소련 내 소수민족의 독립운동을 자극하고, 동유럽의 민주화를 촉발시켰는데요. 이는 결국 소련의 해체로 이어졌습니다. 그 결과 소련 외곽의 각 지역이 독립했고, 동유럽의 독재자들이 실각하거나 체포되었으며, 소련 공산당의 일당 독재 체제도 무너졌지요. 그 결과가 오늘날의 러시아입니다.

소비에트 러시아는
진짜 사회주의였나?

요약하자면 러시아에 탄생한 사회주의는 전 산업을 국유화하고, 농업을 집단화했으며, 스탈린 이래 강력한 중앙당의 독재 권력을 확립했고, 반대자를 무자비하게 숙청했으며, 단기간에 대규모 중공업을 일으켰습니다. 또 3000만 명을 희생하며 나치를 저지했고, 2차 세계대전 후에는 동유럽 국가들을 '거의 강제로' 공산화했으며, 베를린 장벽을 설치했어요. 한편 계획 경제를 통해 인민들에게 필수품들을 배급했고, 그래서 인민들이 늘 생필품 부족에 시달리게 만들었고, 첨단과학 분야에서 세계 최강국 미국과 경쟁했으며, 군사적으로도 미국과

대등하게 경쟁했고, 한때 미국과의 대립으로 세계의 종말을 초래할 뻔하기도 했고, 결국 그 경쟁에서 패배하고 자본주의적 경제 질서로 되돌아갔습니다.

"헉헉, 소비에트 러시아의 역사를 이렇게 짧게 요약하는 건 좀 무리이긴 해요."

소비에트 러시아가 현실적으로 사회주의를 표방하면서 존재했던 가장 유력하고 강력한 사회주의 국가였다는 점에는 이견이 없습니다. 그런데 '사회주의'를 연구하는 입장에서 가장 큰 쟁점 중 하나는, '그 사회주의'가 진짜 사회주의가 맞냐는 겁니다.

실제로 그건 '진짜'가 아니었다고 주장하는 사람도 있습니다. '미국에서 가장 유명한 사회주의자' 중 하나인 마이클 해링턴 같은 학자는 소비에트 러시아의 사회주의는 사회주의가 아니라 '집산주의'였을 뿐이라고 말하죠. 소위 '현실 사회주의'는 자본주의도 사회주의도 아닌 '관료적 집산주의 체제'라는 입장입니다.

생산수단은 국유화되어 있지만, 민중은 이론적으로만 경제를 지배할 뿐이고, 국가는 민중의 이름을 내세우며 국가를 운영하는 관료들의 사유재산이다.

_마이클 해링턴, 『오래된 희망, 사회주의』 중에서

많은 사람들이 마르크스가 상상했던 사회주의는 이런 게 아니었다고 생각했지요. 마르크스 이전과 이후 많은 사회주의자들이 상상했던 사회주의도 이와는 달랐습니다. 사회주의는 인민의 자유를 확장하고, 잠재력을 실현하도록 도와주는 것이지, 1인에게 모든 권력을 몰아주어 인민을 억압하는 체제라고 생각한 사람은 아무도 없었거든요.

"나의 사회주의는 이렇지 않아."

히틀러와 스탈린은
배다른 형제?

마르크스의 의도와는 상관없이 마르크스주의 이론을 현실에서 실현하려고 노력하다 보면 결국 스탈린주의와 비슷한 길을 갈 수밖에 없다고 주장한 사람도 있습니다. 『열린사회와 그 적들』에서 마르크스주의를 공격한 칼 포퍼, 『노예의 길』로 유명한 하이에크가 대표적인 인물이지요.

"사회주의는 원래 그래."

두 사람 모두 전체주의는 좌우의 문제가 아니라 자유주의와 그에 반대하는 생각의 문제라고 파악합니다. 다시 말해 히틀러의 나치즘과 스탈린의 공포정치는 배다른 형제라는 거죠. 그리고 마르크스주의가 원래는 좋은 생각인데 사람들이 운용을 잘못해서 잘못된 결과가 나온 게 아니라, 의도는 좋았을지 모르겠으나 원래부터 나쁜 결과를 불러올 수밖에 없는 잘못된 생각이었다는 게 두 사람의 공통된 입장입니다.

사회주의는 '사회 정의, 더 큰 평등과 안전이라는 이상을 의미'한다. 그러나 제도로서의 사회주의는, 사기업 제도와 생산수단의 사적 소유를 철폐하고, 이윤을 추구하는 기업가 대신 그 자리에 중앙 계획 당국이 들어서는 '계획경제'를 창설하는 것을 뜻한다.

_프리드리히 A. 하이에크, 『노예의 길』 중에서

사실 현실 사회주의 국가들이 취한 행동이 이러했으므로 하이에크의 지적은 일면 정확합니다. 하지만 현실을 자세히 보면, '사회정의, 더 큰 평등과 안전이라는 이상'을 유지한 채 소비에트 러시아와 다른 길로 간 사회주의자들도 많고, 그 덕분에 많은 나라에서 노동자들의 삶이 개선된 것도 사실입니다.

또한 소비에트 러시아의 존재와, 자국 내 사회주의 세력의 압박이라는 배경에서 자본주의 국가들이 채택한 미시적 사회주의 제도들은 불평등을 개선하는 데 큰 역할을 했습니다. 이에 대한 자세한 이야기는 다음 장에서 해보겠습니다.

더
읽어볼 만한
책

2부

마르크스주의의
분화와 사회민주주의

떠돌이
카를 마르크스

1841년 카를 마르크스는 이제 막 '데모크리토스와 에피쿠로스의 자연철학'을 주제로 한 박사 논문을 마치고 대학에 일자리를 얻으려고 노력 중이었습니다. 이때 베를린 대학이나 예나 대학에서 그에게 강사 자리라도 주었더라면 세계의 역사는 달라졌겠지요. 하지만 당시 대학들은 마르크스 같은 '청년 헤겔학파(Young Hegelian)' 학자들을 기피하는 분위기였어요.

'청년 헤겔학파'가 무엇인고 하니, 19세기 초반 독일 철학계를 지배했던 헤겔의 철학을 이어받은 학자들 중 젊은 학자들, 헤겔 철학을 좀 급진적으로 해석한 이들을 뜻하는 용어입니다. 헤겔 철학의 두 축은 '변증법(dialectic)'과 '역사철학'인데, 헤겔의 제자들은 역사철학의 '결론' 부분에서 두 갈래로 갈라집니다. 즉 한쪽은 '정신'이 멋지게 변증법적으로 운동해서 이미 멋진 현실을 만들어냈다고 생각했고, 다른 한쪽, 즉 마르크스가 속한 쪽은 "무슨 소리냐, 우리가 '실천'으로 현실을 개혁하지 않으면 정신의 멋진 승리가 이루어지지 않는다"고 주장했지요. 아직 '민주화'가 되지 않은 상태의 독일(당시는 프러시아) 당국은 당연히 청년 헤겔학파를 경계했고, 당국의 눈치를 보는 대학 측 역시 그 사실을 감안하지 않을 수 없었습니다.

이때부터 고대 그리스 학자들의 원전을 탐독하던 고전문헌학자 마르크스의 기나긴 떠돌이 생활이 시작됩니다. 그는 본으로 가서 잠깐 저널리스트 노릇을 하다가 파리를 거쳐 런던에 정착하지요.

하지만 돌아보면 떠돌이 생활 덕분에 우리가 아는 마르크스가 탄생할 수 있었습니다. 마르크스는 프랑스에서 바스티유를 함락시키던 유구한 전통의 민중운동을 접했고, 영국에서는 애덤 스미스와 리카도의 고전 경제학을 배웠습니다. 소위 변증법적 유물론과 사적 유물론은 마르크스가 독일과 프랑스, 영국 세 나라의 지적 전통을 모두 겸비하지 않았다면 나타날 수 없는 이론이었습니다.

떠돌이 생활 중 프리드리히 엥겔스라는 평생의 절친을 만난 것도 마르크스에게는 큰 행운이었습니다. 경제적 위기에 봉착할 때마다 앞장서서 그를 도와준 사람이 바로 엥겔스였고, 마르크스의 사후, 그의 유산이 후세에 제대로 전달되는 데 가장 큰 공을 세운 사람 역시 엥겔스였으니까요.

1848년 엥겔스와 마르크스의 공저 『공산당 선언』의 발표를 계기로, 마르크스는 국제적으로 유명한 '공산주의 박사'로 공인됩니다.

공산당
선언

1848년 2월 21일 인류사에서 성경 다음으로 큰 영향을 끼친 조그마한 팸플릿 하나가 영국 런던에서 출간됩니다. 제목은 바로 『공산당 선언(Communist Manifesto)』. 글자 그대로 번역하면 '공산주의자 성명'인데, 카를 마르크스와 프리드리히 엥겔스의 모국어인 독일어판에는 '공산당 선언(Manifest der Kommunistischen Partei)'으로 되어 있습니다.

마르크스의 사상을 이야기할 때 가장 중요한 저서로 꼽는 책은 보통 『자본론』이고, 그 다음에 『독일 이데올로기』나 『경제학·철학 수고』 등을 드는데요. 내용의 중요성은 차치하고 당대의 정치적 영향력만을 보자면 『공산당 선언』이 단연 압도적입니다. 왜냐하면 마르크스와 엥겔스가 공저한 이 저서는 당대의 모든 사회주의·공산주의 운동을 한곳으로 모아낼 수 있는 잠재력을 지닌 무시무시한 '최종판'이었기 때문입니다. 19세기 중반 사회운동계의 '베스트셀러'였다고나 할까요. 그것도 그냥 흥밋거리 베스트셀러가 아니라 사회운동 좀 한다는 사람이라면 누구나 읽고 배워야 할 '핵심 교양'을 담은 문서였다는 말입니다.

『공산당 선언』이 그토록 큰 파장을 일으킨 이유가 뭘까요? 마르크스와 엥겔스가 공산주의를 '발명'해서 이 책으로 소개했기 때문일까요? 그럴 리가 있나요. 『공산당 선언』의 첫 문장은 바로 다음과 같이 시작합니다.

"한 유령이 유럽을 떠돌고 있다.
바로 공산주의라는 유령이다."

이미 공산주의는 유령처럼 전 유럽을 배회하고 있었던 것입니다. 하지만 문제는 그 공산주의가 아직 '유령'이었다는 사실! 마르크스와 엥겔스는 바로 이 책으로 아직 유령인 공산주의에 구체적인 피와 살을 덧붙여주는 역할을 해냈던 것입니다. 바로 『공산당 선언』이 세상의 빛을 본 그날부터 우리가 손으로 만질 수 있는 유럽 공산주의의 역사가 시작된 것입니다.

사실 인류의 역사에서 어떤 책이나 문서가 역사의 방향을 결정하는 데 큰 역할을 해낸 경우가 많지는 않습니다. 그런데 『공산당 선언』이 바로 그 대단한 일을 해낸 것이죠.

세계 최초의
사회주의 정당

1875년 독일의 한 마을 고타(Gotha)에서 세계 최초의 사회주의 정당인 독일사회민주당(약칭 SPD, '에스페데'라고 읽음)이 창립됩니다. 엥, 사회주의 정당인데 왜 이름이 '사회민주당'이냐고요? 네. 그렇습니다. 당시만 해도 사회주의자들은 대개 스스로 사회민주주의자라고 부르는 경우가 많았습니다. '사회주의+민주주의' 정도의 의미라고 할까요. 물론 아직 왕성하게 활동하고 있던 마르크스와 엥겔스도 '독일사회민주당'에 참여했습니다.

"우리도 '사회민주주의자'였다니까요!"

독일사회민주당은 크게 두 세력, 즉 아이제나흐파와 라살 레파가 통합하면서 탄생한 것인데요. 참고로 라살레(Ferdinand Lassalle)는 19세기 독일 마르크스주의 역사에서 결정적인 역할을 한 인물 중 하나입니다. 그는 대중 선동가로서의 능력은 출중했지만 마르크스주의에 대한 이해가 부족했다는 평가를 받고 있습니다. 하지만 사회민주당의 전신인 독일노동자총연합을 조직하고 이를 바탕으로 독일 사회운동 내에서 큰 영향력을 행사했습니다.

아이제나흐파에 속했던 마르크스와 엥겔스는 라살레파가 초안한 강령을 보고 격노하지요. 이론적으로 여러 가지 측면에서 마르크스주의와는 거리가 있었거든요. 자본주의의 경제

"사회민주당의 '고타 강령'은
속류사회주의의 표본입니다!"

적 모순의 내용에 대해서도 이해가 달랐고, '국가'를 바라보는 관점도 굉장히 달랐습니다.

이 갈등이 상당히 중요한데요. 마르크스가 참여하고 있을 때도 사회주의 운동 내에 이론적으로 이견이 많았다는 걸 알 수 있습니다.

'고타 강령'의
쟁점

여기서 가장 중요한 쟁점은 두 가지였습니다. 먼저 '고타 강령'은 마르크스주의의 '잉여가치론'을 완전히 무시하고 있었지요.

마르크스주의의 핵심을 굳이 꼽으라면, 하나는 '사적 유물론'이고 다른 하나는 '잉여가치론'입니다. 전자는 이미 설명했고, 후자를 간략하게 설명하겠습니다.

"마르크스의 『자본론』은
가치이론으로 시작하지요."

마르크스에 따르면 자본주의 사회에서 모든 상품은 '가치'와 '사용가치'를 지닙니다. 이를테면 독자가 쓰고 있는 스마트폰은 '사용할 수 있는 사용가치'와 함께 다른 상품의 가치와 비교될 수 있는 보편적인 의미의 '가치'를 지니고 있지요. 그런데 그 '가치'를 창출하는 것은 오직 노동자의 '노동'뿐입니다. 노동자는 자신이 받는 임금에 맞는 노동 이상의 노동, 즉 '잉여노동'을 통해 부가적인 가치를 창출하는데, 그것을 '잉여가치'라고 부릅니다. 자본가가 가져가는 부분이 바로 그 '잉여가치'죠. 자본가는 그것으로 생산수단에 재투자도 하고 밥도 사먹습니다.

계급은 생산수단의 소유 여부에 따라 결정되고, 자본주의적 착취는 분배가 아니라 생산과정에서 바로 발생합니다. 당시 푸르동주의자들은 계급을 빈부 격차로 이해하고, 불평등이 불평등한 '교환'에서 비롯된다고 주장했는데요. 마르크스가 보기에는 굉장히 유치한 소리였습니다. 마르크스의 저서 『철학의 빈곤』은 푸르동의 『빈곤의 철학』이 바로 그런 오류를 범하고 있다고 비판하는 책입니다. 이렇게 둘 사이는 갈라집니다.

여기서 중요한 '윤리적' 쟁점도 하나 등장하는데요. 마르크스가 직접 지적하지는 않지만, 마르크스의 논리를 따르자면 자본주의는 '구조적으로' '생산과정 자체에서' 착취가 있는 체제이므로, 구조를 바꾸고 생산과정을 개편하는 것이, 즉 사회주의로 이행하는 것이 '윤리적으로도' 정당하다는 겁니다. 체제는 그대로 두고 그냥 분배를 개선해서 해결될 문제가 아닌 것이죠.

그런데 '고타 강령'은 프루동주의의 "부등가 교환에 의해 불평등이 발생한다"는 그 '유치한 내용'을 담고 있었던 것입니다. 이 논리대로라면 등가교환만 제대로 이루어내면 문제가 해결되는 것입니다.

"문제는 자본주의 그 자체야. 자본주의의 개량으로 자본주의의 문제를 해결할 수는 없어."

두 번째 문제는 마르크스가 국가를 '계급지배의 도구'로 보는 반면, 강령은 국가를 계급 간의 화해와 조정을 담당할 수 있는 중립적인 장치로 보는 점이 가장 큰 차이였습니다. 마르크스는 사회주의 혁명 후 국가를 프롤레타리아 독재를 위한

"자본가들이 쓰던 도구인 국가를
노동자들이 그대로 쓸 순 없어."

"노동자가 쓰면 노동자의 도구가 되는 법.
도구에는 이념이 없지."

도구로 개편해야 한다고 생각했습니다.

참, 여기서 말하는 '국가'란 '인민, 주권, 영토'로 구성되는
막연하고 넓은 의미의 국가를 의미하는 게 아닙니다. 실제
로 우리가 '경험하는' 국가를 생각해보세요. 구체적인 의미의
국가는 '국가 기구'입니다. 행정부와 그 산하의 경찰, 동사무
소 직원 등의 수많은 공무원, 사법부와 의회. 그 산하의 조직
들…. 무엇보다도 군대가 가장 큰 존재감을 과시합니다. 마르
크스와 라살레는 혁명 후 이런 구체적인 국가 기구들을 어떻
게 해야 하는가 하는 문제로 싸웠던 것입니다.

마르크스의
후계자들

마르크스의 항의는 받아들여지지 않았습니다. 통합과정에 참여했던 양쪽 인사들은 "사소한 차이 때문에 통합을 깰 수는 없다"라고 생각한 거죠. 그 직후 마르크스는 병을 앓기 시작하는데, 사회민주당의 강령 문제와 큰 관련은 없었던 것 같습니다. 이후 엥겔스가 마르크스의 대변인 역할을 하지요.

물론 자본주의의 경제적 모순과 국가 문제에서 마르크스가 옳고 상대편은 틀렸는가, 하는 것은 또 다른 문제입니다. 하여튼 이때부터 마르크스주의는 마르크스 없이 후계자들이 이어받습니다.

마르크스 → 엥겔스

　　　→ 카우츠키 → 베른슈타인 (독일)

　　　→ 플레하노프 → 레닌 → 스탈린 (러시아)

　1889년 7월 14일 프랑스 혁명 100주년을 맞아 독일, 프랑스 등 20여 나라의 대표들이 파리에 모인 가운데, 전 세계 사회주의자들의 연합체인 제2인터내셔널이 창립대회를 치렀습니다. 여기서는 독일사회민주당이 주축이 되었습니다. 제1인터내셔널은 어떻게 되었냐고요? 아, 최초의 인터내셔널은 1864년 영국에서 창립되었습니다만, 활동 기간 내내 마르크스주의자들과 프루동주의자, 바쿠닌주의자들의 다툼 끝에 1876년에 해산되고 말았습니다.

　프랑스에 프루동이 있다면, 러시아에는 바쿠닌이라는 '무정부주의의 아버지'가 있습니다. 그 역시 한때 마르크스와 친교를 나누었지만, 국가 권력을 둘러싼 견해 차이로 결별하고

"돌대가리 같은
무정부주의자들과는 도저히
같이 못 해먹겠네."

맙니다.

제2인터내셔널을 주도한 건 독일사회민주당이었습니다. 당시 독일사민당은 유럽에서 가장 크고, 조직이 잘 정비된 사회주의 정당이었거든요. 여러 나라에서 모인 사회주의자들은 첫 대회에서 의미심장한 결의를 하는데요. 이듬해인 1890년 5월 1일 메이데이를 맞아 모두 동시에 시위와 행진을 하기로 한 거죠.

시간이 흐르고 흘러 1890년이 다가왔습니다. 그런데 문제는 5월 1일이 휴일이 아니었다는 점입니다. 시위와 행진을 하려면 하루 파업을 하고 거리에 나서야 했죠.

그런데 메이데이가 가까이 다가오자 전 세계에서 가장 강력한 사회주의 정당인 독일사회민주당이 시위 행진을 일요일로 미루자고 제안한 것입니다.

결과적으로 그해 메이데이를 맞아 독일을 제외한 프랑스 등 유럽 각국의 사회주의 노동자들은 파업을 벌이고 시위와

"날짜 같은 걸로 자본가들과 싸울 필요 없잖아요? 좋은 게 좋은 거 아니여?"

114

행진을 강행합니다. 그리고 경찰과 충돌해서 많은 사상자가 발생하기도 했지요.

이 사건은 독일사회민주당의 당시 상태를 상징적으로 보여줍니다. 당시 사회민주당은 모험을 하기에는 가진 게 너무 많았던 거죠. 수백만의 당원을 지닌 제1야당이었던 사회민주당은 수십 개의 지역 당사와 언론사를 보유한 부자 정당이기도 했습니다. 게다가 비스마르크의 복지 정책 이래 독일 노동자들은 유럽에서도 비교적 부유한 편이었지요.

또 독일사회민주당은 공식적으로 마르크스주의를 당의 이념으로 받아들였는데요. 사민당의 대표적 이론가 카우츠키(Karl Kautsky)는 '정통 마르크스주의'의 대변자가 되어 자본주의의 붕괴가 임박했다고 주장하고 있었습니다. 사실 카우츠키뿐 아니라 당시 대부분의 사회주의자들이 그렇게 생각했는데요. 마르크스주의를 받아들인 사회민주당이 강령에 그 점을 명기한 것도 이상한 일이 아니었습니다. 그들은 특별한 노

"여러분들, '부자 몸 조심'이라는 속담 아세요?"

력 없이도 자본주의의 붕괴 순간이 곧 찾아올 것이며, 그때 사회민주당의 노동자들이 개입해서 혁명으로 권력을 장악하면 된다고 생각했습니다.

"회개하라, 종말의 날이 가까웠다!"

수정주의의
탄생

아시다시피 그런 붕괴의 순간은 찾아오지 않았습니다. 그래서 나타난 것이 '수정주의'입니다.

수정주의의 대표자는 베른슈타인(Eduard Bernstein)입니다. 원래 정통 마르크스주의 이론대로라면 자본주의가 발전할수록, 자본의 독점이 진행되면서 소수의 대자본가만 남고 소자본가와 자영농은 사라지고, 노동자가 대다수를 이룹니다. 그리고 사회적 생산력은 증대되지만 노동자들은 더욱 빈곤해지고, 어느 순간 생산관계가 질곡이 되어 생산력도 성장하지 않는 단계가 찾아옵니다. 그때가 바로 혁명의 시점이죠.

"곧 이렇게 된다는 거죠."

하지만 현실은 달랐습니다. 노동자들이 단결하고 사회주의 운동이 강력해지자, 자본가들이 '양보'하기 시작한 것입니다! 당시 독일 사정을 보면, 노동자들의 임금 인상과 복지 개선을 통해 생활여건이 오히려 좋아졌고, 소규모 자본가들은 늘어났으며, '주식' 시장을 통해 주주가 된 자본가의 수도 늘어났다는 게 베른슈타인의 지적입니다. 결과적으로 현실을 보면 도무지 혁명이 일어날 것 같지가 않았던 것입니다.

그래서 그는 1899년에 대표작인『사회주의의 전제와 사민당의 과제』를 통해 자본주의의 임박한 붕괴와 무력 혁명의 가능성을 배제하고 의회를 통한 평화적인 사회주의로의 이행을 주장합니다. 이것이 현존하는 유럽의 '사회민주주의'의 뿌리라고 해도 과언은 아닙니다.

당연히 사회민주당의 '정통'을 자처하는 이론가 카우츠키는 베른슈타인에 반대했지만, 후일 자신의 견해를 철회하고 베른슈타인의 노선에 동의합니다.

"사회민주주의의 아버지라면
역시 저 아니겠어요?"

당내에서도 좌파에 속하던 로자 룩셈부르크는 바로 이듬해
인 1900년에 자신의 책『사회개량이냐, 혁명이냐』를 통해 베
른슈타인의 생각 전체를 전면적으로 거부하지요. 결국 그녀
와 동지 카를 리프크네히트(Karl Liebknecht)는 후일 러시아 혁
명을 계기로 당에서 분리하여 '스파르타쿠스단'을 결성하고
독립적인 혁명을 시도했으나 실패하고 맙니다.

독일사민당이 주축이었던 제2인터내셔널은 1차 세계대전
을 계기로 끝나고 맙니다. 1912년 세계대전이 임박하자 인터
내셔널 멤버들은 임시대회를 개최하고, 전쟁이 발발할 경우
각자 자국 내에서 혁명을 시도하자는 '슈튜트가르트 결의안'
을 채택합니다. 그런데 막상 1914년 전쟁이 발발하자 제2인

"스파르타쿠스단의 혁명은 실패했고,
로자의 시체는 운하 속에 던져졌다. 바로 그곳!"

터내셔널에 참가한 대부분의 사민당이 '조국 방위'를 명목으로 전쟁에 찬성한 것입니다. 끝까지 전쟁에 반대한 사람은 프랑스의 사회주의자 장 조레스(Jean Léon Jaurès)뿐이었어요. 그 덕분에 1차 세계대전이 발발하자마자 암살당하고 말았습니다. 그리고 조레스가 죽을 때 제2인터내셔널도 함께 사망합니다.

소비에트 러시아와
결별하다

비록 제2인터내셔널은 사망했지만 독일사민당은 건재했습니다. 사실 로자 룩셈부르크 같은 일부 '강경파'들이 희생되었을 뿐, 세계대전을 거치면서도 유럽의 사민당들은 대체로 건재했지요. 그들은 전쟁에 찬성했을 뿐 아니라, 그 전부터 유럽 각 정부의 제국주의 정책에 호응하는 등 자본주의 국가 체제에 별로 위협적이지 않았습니다.

심지어 1929년 대공황이 세계를 덮쳤을 때 영국의 노동당은 집권당이었고, 독일사민당은 연립정권에 참여하고 있었습니다. 물론 다들 아시다시피 몇 년 후 독일에서 히틀러가 집권

마르크스주의의 분화와 사회민주주의

하게 되고 공산주의자든 사회민주주의자든 가릴 것 없이 탄압을 시작하죠. 현재 사민당은 전후 독일에서 여러 번 집권한 주요정당입니다.

다시 '사회민주주의'라는 용어에 대해서 첨언하자면, 제2인터내셔널이 해산되기 전까지만 해도 대부분의 사회주의자들은 스스로 사회민주주의자라고 불렀습니다. 몇 년 후 러시아 혁명 때까지도 그런 지칭이 일반적인 것이었지요. 하지만 레닌을 비롯한 보다 혁명적인 마르크스주의자들은 스스로를 독일 사회민주당과 차별화하고 싶어 했습니다. 아무래도 현실 속의 사회민주주의는 수정주의 형태로 존재하고 있었으니까요.

그래서 레닌 등은 처음에는 혁명적 사회민주주의 등의 용어를 쓰다가 나중에는 공산주의, 공산주의자 등으로 명칭을 바꿉니다. 새로운 국제 모임을 만들 때도 코민테른, 즉 '공산주의 인터내셔널(Communist International)'이란 명칭을 사용했죠.

재미있는 점은 그 후로도 사회민주주의자와 공산주의자 모

"우리가 카우츠키나 베른슈타인 같은 수정주의자들과 같은 취급을 받아서는 곤란하지 않겠어요?"

"어쨌든 우리는 모두 사회주의자!"

두 스스로를 일러 사회주의자라고도 불러왔다는 사실입니다.

유럽의 사회민주당은 모두 코민테른을 외면합니다. 그러나 유일하게 노르웨이의 노동당만은 1919년 코민테른에 가입하기로 결정했지요. 당시 코민테른은 가입조건으로 레닌이 정식화한 21개 테제의 승인을 요구했습니다. 여기에는 회원들이 소련 공산당의 지도에 순종해야 한다는 뜻이 담겨 있었습니다. 노르웨이 노동당은 이를 승인했지만 여기에 반대한 소수파는 당을 뛰쳐나와 노르웨이 사회민주주의노동당을 결성합니다.

몇 년 후 1923년 소련 공산당의 지도 문제가 다시 논쟁이 되었을 때는 노르웨이 노동당의 다수파조차도 생각을 바꾸었고 결국 코민테른을 탈퇴하고 말지요. 아, 이때도 소수파는 탈당해서 '공산당'을 창설합니다.

결국 노르웨이 좌파들의 다수는 2차 세계대전 전에 소련과 손을 끊습니다.

파시즘의
위협

제1차 세계대전과 제2차 세계대전 사이에 독일사민당을 비롯한 유럽의 사회주의 정당들은 거의 전멸의 위기에 처합니다. 1922년 이탈리아에서는 무솔리니가 검은 셔츠단을 업고 쿠데타에 성공하고, 독일에서는 1933년 히틀러의 나치 정권이 출범하는가 하면, 스페인에서는 프랑코가 역시 쿠데타로 공화국을 전복시키고 집권하면서 전 유럽이 파시즘의 위협 아래 놓입니다.

파시스트 3강의 협조 체제.
차례로 프랑코, 히틀러, 무솔리니.

유럽 최대의 좌파 정당 독일사회민주당은 불법화되었고, 당의 주요 인사들은 망명길에 오릅니다. 프랑스에서는 혁명적 사회주의자와 개량주의적 사회주의자 모두 '인민전선'을 통해 연합해 앙드레 레옹 블룸(André Léon Blum)을 총리로 내세우고 집권하지만, 우파들의 이념 공격에 버티지 못하고 정부 구성과 해체를 거듭하고 있었습니다.

이탈리아의 무솔리니는 파시스트당 외에는 모든 정당을 불법화했지요. 스페인에서는 사회주의자, 무정부주의자 등을 포함한 공화파들이 무기를 들고 프랑코에게 저항했지만, 전 세계에서 공화국을 지키려고 달려온 의용병들의 지원에도 불구하고 처절하게 패배하고 말았습니다.

"저도 스페인 내전에 참여했던 경험을
소재로 이 책을 썼지요."

_헤밍웨이

앞서 언급했듯이 히틀러와 파시즘으로부터 유럽을 구한 건 의외로 소비에트 러시아였습니다. 할리우드 영화만 보면 2차 세계대전 동안 미군들이 가장 열심히 싸운 것 같지만, 실제로 가장 치열한 전투는 거의 독일의 동부전선에서 벌어졌습니다. 이 전쟁에서 3000만 명의 러시아인이 사망했습니다.

Don't forget how the Soviet Union saved the world from Hitler

제2차 세계대전 독일 항복 기념일을 맞아 『워싱턴 포스트』에는,
"소련이 히틀러로부터 세계를 구한 것을 잊지 마세요"라는 기사가 실렸다!

사민주의 세력의
성장

제2차 세계대전 이후 30년 동안 유럽과 아메리카는 전례 없는 대호황을 맞이합니다. 이는 어느 정도 자본주의가 사회민주주의 세력과 타협한 결과였습니다.

영국의 노동당은 1945년 전쟁이 끝나자마자 집권에 성공하고 그 후 보수당과 번갈아가며 정권을 차지합니다. 독일사회민주당은 1966년 대연정에 참여한 것을 시작으로, 1969년에도 자민당과 함께 연정을 구성합니다. 그리고 13년 동안 빌리 브란트와 헬무트 슈미트 총리의 사민당 시대가 이어집니다. 프랑스에서는 사회당이 오랜 각고 끝에 1981년 미테랑이

"3수 만에 당선됐지만, 재선에 성공해서
14년이나 대통령을 지냈지요. 하하."

대통령에 당선되면서 집권에 성공합니다.

당연한 말 같지만, 유럽의 사회민주당들은 마르크스주의와 혁명 노선을 유지할 때부터 노동자들의 권익을 위해 투쟁했고 실제로 어느 정도 성과를 이루어냈습니다.

비스마르크(Otto von Bismarck) 정권이 실시한 세계 최초의 의료보험, 산재보험, 노인복지법 등 '복지 정책' 역시 당시 독일 사회주의자들의 투쟁에 양보한 것으로 해석할 수 있습니다. 물론 비스마르크는 양보와 동시에 사회주의자 탄압법이라는 칼을 빼들었지만, 현실적으로 사민주의자들은 큰 타격을 받지 않고 세력을 넓혀갔습니다.

베를린에 있는 비스마르크 동상.

앞서 제2인터내셔널이 메이데이 행진 문제로 갈등을 겪었다는 얘기를 했는데요. 메이데이란 1886년 미국 노동자들이 8시간 노동과 노동조건 개선을 요구하며 총파업을 벌인 것을 기념하기 위해 제정된 것입니다. 이후 8시간 노동은 각국 사회민주당의 첫 번째 과제 중 하나가 되었습니다.

8시간 노동을 법적으로 못 박은 나라는 혁명에 성공한 러시아가 처음이었고, 이어서 프랑스, 독일 등도 뒤따릅니다. 1919년에 국제노동기구(ILO)가 첫 총회에서 8시간 노동제를 채택하기로 결의한 이후, 1936년 프랑스에서 주 40시간 노동제를 실시했고, 1938년 독일, 미국에서 주 40시간 노동제를 도입합니다.

오늘날 노동자들에게 익숙한 파업권을 법적으로 공식화한 것도 역시 사회민주주의자들의 노력 덕분이었습니다. 나라마다 편차는 있지만 이를테면 1936년 레옹 블룸을 수반으로 하

헤이마켓 사건(1886년 미국에서 벌어진 8시간 노동제를 위한 시위 도중 일어난 폭탄 투척 사건).

마르크스주의의 분화와 사회민주주의

는 프랑스 인민전선 정부는 파업권, 단체교섭권, 8시간 노동제, 1년 2주 이상의 유급휴가 등을 공식화했지요. 거의 100년 전 이야기인데 어째 노동자들의 사정이 현재의 우리나라보다 나은 것 같지 않나요?

"현재는 1년에 5주 유급휴가를 쓰고 있지요.
주 35시간 근무제라 사실상 주 4일 근무를 하는 사람들도 많아요."

북유럽의
사민주의

우리나라 사람들 중에는 자유방임적 자본주의도 싫고, 계획경제도 싫은 대신 '북유럽의 사회민주주의'를 동경하는 이들이 많은데요. 사실 북유럽 사민주의를 잘 아는 사람은 드뭅니다. 그런데 북유럽의 스웨덴, 핀란드, 노르웨이 등은 우리가 대충 짐작하듯이 세금을 왕창 걷는 대신 복지 제도가 빵빵한 게 사실입니다.

그중에서도 역사적으로 오랫동안 사민주의 전통을 잘 키워온 나라가 스웨덴입니다.

앞서 제1차 세계대전과 제2차 세계대전 사이에 유럽의 사민당들이 궤멸의 위기에 처했다고 말했는데요. 스웨덴의 사회민주노동당만은 예외였습니다.

1889년 노동조합 세력을 기반으로 창당한 스웨덴 사민당은 초기부터 체제 내의 개혁에 주력해서 1920년에 이미 자당 출신 총리를 배출합니다. 그 후 현재까지 사민당은 당내 급진 세력과 갈라지기도 하는 등 여러 내홍을 겪어요. 때때로 우파 정당에 정권을 내주기도 했지만 1932년부터 1976년까지 연달아 집권하면서 장기간 동안 스웨덴 정권을 차지해왔습니다. 하지만 최근에는 세력이 좀 약해졌습니다. 지난 2010년 녹색당을 비롯한 다른 좌파 정당들과 연합해서 선거를 치렀지만, 우파 연합에 패배하고 말았습니다. 하지만 2014년 다시 적녹연합을 통해 선거에 승리했습니다.

스웨덴 사회민주당의 정책 중 가장 주목할 만한 것으로 복지국가 스웨덴을 은유적으로 나타내는 '민중의 집(Folkhemmet)'이란 게 있습니다. 앞서 말한 1932년부터 1976까지 장기간 동안 사민당이 채택한 복지 정책의 총체적 표현입니다. 내용적으로 보면 '민중의 집'은 자본주의와 사회주의를 뒤섞어놓은 듯한 중도적인 길인데요. 일종의 조합주의적 사회주의라

고 볼 수도 있습니다.

참고로 조합주의란 국가가 자본과 노동 사이를 중재하면서 협력적인 경제 운용을 하는 것을 말합니다. 우리나라의 노사정 위원회 같은 걸 떠올리면 되겠죠? 물론 잘 운용하면 노사정 모두에게 이익인데, 특히 '정' 쪽에서 편파적일 경우 잘 돌아가지 않는 시스템이라고 보면 됩니다.

마이클 해링턴에 따르면, 스웨덴에서 '민중의 집' 프로그램이 처음 등장한 것은 1928년 스웨덴 사회주의 지도자 P. A. 한슨 때입니다. 실질적으로 이 프로그램이 시작된 건 대공황이 한창이던 1932년 사회민주당이 재집권에 성공하면서부터라고 합니다. 이때부터 스웨덴의 자본과 노동은 국가적인 임금 협상을 시작했고, 경제 성장을 위해 협력했습니다. 이렇게 노사정의 '조합주의적 협력'을 통해 경제 정책을 만들어나가는 '스웨덴 모델'은 이후 다른 여러 국가들에게도 영감을 주었습니다.

마르크스주의의 분화와 사회민주주의

"우리나라 노사정위원회 역시 스웨덴
노사정에서 힌트를 얻었다고 봐야죠."

스웨덴 모델이 중요한 이유는 전통적인 사회주의자들이 급격한 변화를 통해 사회주의로 이행하는 것을 목표로 삼았던 반면, 당시 스웨덴 사회민주주의자들은 과거의 '기본 명제'들과 단절하고, "국가가 생산수단을 소유하는 대신 '규제'를 행하고, 생산수단의 사회화가 아니라 조세 및 복지 시스템을 통한 재분배를 목표로 삼는 혼합경제를 향해 나아가기 시작했다"는 점입니다. 즉, 오늘날 우리가 아는 '북유럽 사민주의'의 모델을 만들어낸 게 바로 이 프로그램이었던 거죠.

'민중의 집'을 통해 키워온 스웨덴 복지 제도를 간단히 살펴볼까요. 의료보험은 무상은 아니지만 우리와 비슷하게 저렴한 가격에 의료 서비스를 제공하고 있습니다.

"사회민주주의는 전통적 마르크스주의와는
달리 생산이 아니라 분배에서 평등을
지향한다는 게 포인트!"

아동복지와 노인복지도 잘되어 있는데요. 지자체 별로 은퇴자들을 위한 홈케어와 양로원 체제를 갖추고 있지요. 아동이 16세가 되기 전까지 국가에서 금전적인 지원을 하고, 아동 1인당 부모가 최장 480일 동안 유급 휴가를 얻을 수가 있습니다. 물론 장애아동을 양육할 경우 더욱 큰 혜택을 준다고 하네요.

집 없는 이들을 위해 숙소를 무상 제공한다는 점도 인상적입니다. 그리고 실업자가 되면 실업급여가 최장 60주 동안 지급된다는군요.

우리도 당장 똑같이 할 순 없겠지만 부럽긴 부럽네요.

"60주 내로는 새 직장을 구해야 돼."

마르크스주의의
변화

1차 세계대전, 러시아 혁명, 2차 세계대전을 거치면서 마르크스주의에도 많은 변화가 일어났습니다. 서유럽 사회민주당들이 베른슈타인에서 시작해서 '제3의 길'까지 다양한 수정주의의 경로를 따라갈 동안, 정당 바깥에서도 여러 사람들이 새로운 마르크스주의의 길을 모색했지요.

그중 유명한 사람들이 죄르지 루카치, 안토니오 그람시, 루이 알튀세르, 그리고 프랑크푸르트 학파의 호르크하이머, 아도르노, 마르쿠제 등이 있습니다.

최근의 흐름으로는 에르네스토 라클라우(Ernesto Laclau)와 샹탈 무페(Chantal Mouffe)의 소위 '포스트 마르크스주의'가 있지요.

이 새로운 '마르크스주의'들의 공통적인 특징은 생산관계라는 하부구조보다 정치와 문화 등의 상부구조의 역할에 주목한다는 점입니다. 즉 이들은 대부분 상부구조가 하부구조의 변화에 저절로 조응하는 수동적인 장치가 아니라, 나름의 리듬을 가지고 있는 독립적인 부분이며, 자본주의적 지배에서 상당히 중요한 역할을 하고 있다고 말합니다.

루카치는 노동자들의 '계급의식'이 경제적 위치에서 저절로 생겨나는 것이 아니라는 점을 지적하고, 그람시는 자본가들이 경제적 지배 외에도 사회 전체의 문화적 '헤게모니'를 장악함으로써 노동자들의 의식을 지배한다고 말합니다. 알튀세르는 경찰이나 군대 같은 물리적 '국가기구' 외에 학교, 종교기관 등의 '이데올로기적' 국가기구에 주목합니다.

프랑크푸르트학파는 원래 1930년대 프랑크푸르트에 있던

"가난하다고 저절로 혁명적 의식을 갖게 되는 건 아니죠."

한 대학 연구소 구성원들을 가리키는 이름이었습니다. 이들은 주로 마르크스주의의 재해석에 몰두했는데, 히틀러 집권 이후 제네바, 뉴욕으로 활동 무대를 옮겼고, 1960년대 서구 학생운동에 큰 영향을 끼칩니다.

사실 호르크하이머, 아도르노, 마르쿠제, 벤야민, 하버마스, 프롬 등 꽤 다양한 인물들로 이루어진 집단이어서 학문적으로 일관성을 뽑아내기는 어렵습니다. 대체로 헤겔의 영향이 강했던 초기 마르크스주의를 좀 더 강조하는 정도라고나 할까요.

"문화산업(culture industry)이란 말은
저희들이 가장 먼저 사용한 용어입니다.
그런데 절대 긍정적인 의미로 쓴 게 아니에요.
자본주의 사회에서 대중문화란 것이
대중들이 자발적으로 만들어내는 문화가 아니라
자본가들이 대중을 기만하는 도구로 사용하는 문화가 되었다는 뜻이었지요."

포스트
마르크스주의?

마지막으로 포스트 마르크스주의는 좀 다릅니다. 이들은 마르크스주의를 '총체성의 회복'이라는 근대적 꿈의 일환으로 파악합니다.

중세 시절에는 기독교가 세상의 모든 원리를 일목요연하게 설명했잖아요. 하지만 데카르트가 '방법적 회의'를 하기 시작하면서 세계가 어떻게 돌아가는지 원리를 알 수 없어 혼란스러워 하다가, 과학의 발전과 더불어 인간이 '이성'의 힘으로 다시 세계를 일목요연하게 파악할 수 있다는 자신감이 붙은 겁니다. 마르크스주의도 그렇게 세계를 총체적으로 파악하고

변화시키려는 '근대적 기획'의 일환이었다는 거죠.

사적 유물론이나 그에서 파생된 '역사 발전 법칙' 같은 용어가 튀어나온 이유가 바로 그 때문인 거죠.

그러나 에르네스토 라클라우와 샹탈 무페가 보기에는, 그런 '총체성'은 존재하지 않습니다. 세상은 한 군데를 누르면 다른 곳에서 즉각 반응하는 기계적이고 체계적인 구조로 되어 있는 게 아닙니다. 경제적 하부구조가 정치·문화적 상부구조를 직접적으로 지배하는 것도 아니고, 프롤레타리아가 혁명의 주체 세력도 아니며, 사회 변화는 분절된 각각의 영역에서 각각의 운동이 모여서 이루어지는 것입니다. 일종의 포스트모더니즘 + 마르크스주의라고나 할까요.

이들은 '유물론'도 부정합니다. 마르크스주의자들이 말하는 유물론이란 실은 관념론의 일종이라고 주장합니다. 관념론이란 (당연한 말이지만, 관념이 물질에 우선한다는 이론이 아니라) 세계의 원리를 관통하는 어떤 개념을 설정하고 그 개념에 따

라서 세계를 설명하려는 시도입니다. 고전적 마르크스주의
는 "물질이란 세계의 원리를 관통하는 개념"을 설정하고 그것
에서 사회 변화까지를 유추하는 '관념론'인 것입니다. 다시 말
해 '유물론' 자체가 헤겔의 관념론과 다를 바 없는 '본질주의
(essencialism)'의 일종입니다.

이 정도까지 왔으면 마르크스주의라고 부르기 어렵다고 하
는 사람들도 있습니다. 하지만 중요한 건 이것이 마르크스주
의인지 아닌지보다 이들의 말에서 '무언가 건질 것이 있는가'
일 겁니다.

분명히 의의는 있습니다. 그동안 마르크스주의자들은 마르
크스의 기본 개념들을 돌아보는 일에 게을렀던 건 확실합니
다. 슘페터 같은 보수주의자들은 사적 유물론이 과학이 아니
라 '형이상학'이라는 사실을 일찌감치 간파했지요.

그리고 마르크스가 애덤 스미스와 리카도로부터 물려받은
'가치이론'에서는 상품에 들어 있는 가치를 정량화해서 결국

"세계와 역사를 관통하며 정체성과 운명을
결정하는 본질적인 무엇이 있다는 생각은
관념론이고 실질적으로 종교와 다를 바 없지요."

에는 상품의 가치를 결정하는 게 투입된 노동시간이라고 주장하죠. 그런데 사실 현실에서 우리가 '가치'를 파악할 수 있는 방법은 없거든요. 우리가 알 수 있는 건 오직 '가격'뿐입니다. 마르크스는 오직 머릿속에만 있고, 현실적으로는 아무도 측량해보지 못한 '가치'라는 형이상학적 개념을 중심으로 경제학을 구성해버린 것이죠.

마르크스주의 진영 내부에서 이런 점들이 제대로 반성되지 않았다는 약점이 있습니다.

"이 물건 좋은 건 알아.
그러니 가치가 아니라 가격을 말해봐."

진짜 사회주의는
무엇일까?

19세기 말에서 20세기 중반까지도 마르크스의 후계자들은 서로 자신이 정통이라고 우기는 사투(思想鬪爭)를 벌이곤 했는데요. 그들의 모습은 마치 중세시대 신학적 주제를 두고 다투는 스콜라 철학자들의 모습과도 비슷했습니다.

실제로 마르크스주의가 '종교'적인 성격을 띠고 있다는 점은 분명합니다. 유럽에서 기독교가 권위를 상실하고 과학이 진보와 미래를 상징할 때, 피안의 구원이 아니라 현실 세계에서 해방을 이루어내는 새로운 종교의 역할을 했지요.

20세기 초 독일사회민주당의 카우츠키나 러시아의 플레하노프 같은 대표적인 마르크스주의자들이 '자본주의의 임박한 붕괴와 사회주의 혁명의 도래'를 믿어 의심치 않았던 사실을 상기해보세요.

마르크스주의에 비판적이었지만 마르크스의 비전이 실현될 것이라고 예견했던 사람도 있습니다. 경제학자 슘페터는 마르크스주의를 비평한 저서에서 그가 무엇보다도 예언자라는 점을 가장 먼저 지적합니다.

"신봉자에게 궁극적 목적들의 체계를 제시하고, 목적들이 삶의 의미를 구현하며, 사건과 행동을 판단하는 절대적 기준이 된다. … 인류 가운데 선택된 계층이 구원받고…." 슘페터는 바로 이런 점이 마르크스주의의 성공을 설명한다고 말합니다. 따라서 마르크스는 학자이자 혁명가이지만 무엇보다도 예언자인 것입니다.

물론 마르크스주의자들은 마르크스주의가 '종교'라고 절대

"사적 유물론? 어디서 들은 것 같군.
독일의 트리어 지방에서 나온 묵시론적 종파지요.
내 말이 맞소?"
_『푸코의 진자』 움베르토 에코

생각하지 않지요. '정통' 마르크스주의자들은 마르크스주의를 '과학'이라고 부르고, '수정주의자'들은 마르크스주의를 유용한 사회 분석틀 중 하나로 봅니다.

실은 마르크스주의를 (자기도 모르게) 종교로 받아들인 사람도 있고, 과학의 법칙으로 생각하고 실제로 그렇게 사용한 사람도 있고, 여러 분석틀 중 하나로 생각한 사람도 있다는 게 가장 사실에 가까운 진술일 것입니다.

마르크스주의는 그렇다 치고, 소비에트 러시아의 사회주의가 '가짜' 사회주의였다면, 그러면 '진짜' 사회주의는 무엇일까요? 이거 참, 어려운 질문인데요. '사회주의'를 어떤 국가의 체제로 본다면, 현재 중국이나 베트남, 라오스 등이 사회주의를 표방하고 있음에도 불구하고, 실제로 대부분의 사람들이 인정하는 '사회주의 국가'는 쿠바 정도가 아닐까 싶은데요. 아마 쿠바도 사회주의 국가로 인정하지 않는 사람들이 꽤 많을

"진짜 사회주의라면 우리 정도 아닐까요?"

겁니다. 북한은 사회주의 국가보다는 전제군주 국가라는 정의가 어울리고요. 스웨덴 같은 나라를 사회주의 국가라고 하는 사람도 있지만, 자본주의하에서 '사회주의적 제도'를 받아들였다고 보는 사람들이 더 많죠.

그렇게 사회주의를 제도로 본다면, 현재 대부분의 국가들은 정도에 차이는 있지만 일정 부분 사회주의 '제도'를 채용하고 있습니다. 우리나라의 의료보험 제도 같은 게 대표적이지요.

사회주의를 이념으로 본다면, 여전히 활발하게 살아 있습니다. 사실 사회주의 이념이란 게 별 거 아닙니다. "서로 돕고 함께 잘 살자"는 얘기를 좀 정교하게 풀어낸 거죠. 이런 정신은 인류가 존재하는 한 계속 살아남을 테고, 다른 좋은 이름이 나타나지 않는 한 '사회주의'라는 이름으로 통용될 겁니다.

마지막으로 덧붙이자면, 『1984』, 『동물농장』 등의 소설로 유명한 작가 조지 오웰은 스페인 내전에 참전한 경험을 바탕으로 쓴 수기에서 다음과 같은 말을 하고 있습니다. 저는 오웰의 단순한 결론에 일리가 있다고 생각합니다.

세계 모든 나라에서 상당한 수의 어용 문사(文士)와 말주변 좋은 교수들이 사회주의란 약탈적 동기를 그대로 놓아둔 계획적인 국가 자본주의에 불과하다는 것을 '증명'하느라 바쁘다. 그러나 다행히도 이와는 아주 다른 사회주의에 대한 비전도 존재한다. 보통 사람들이 사회주의에 매력을 느끼고 사회주의를 위해 목숨을 거는 이유, 즉 사회주의의 '비결'은 평등 사상에 있다. 대다수 사람들에게 사회주의란 계급 없는 사회일 뿐이다. 그것 말고는 아무런 의미가 없다. 의용군에서 보낸 몇 달이 나에게 귀중했던 것도 바로 그런 이유에서다.

_조지 오웰, 『카탈로니아 찬가』 중에서

더 읽어볼 만한 책

- 에두아르트 베른슈타인, 『사회주의의 전제와 사민당의 과제』
....
- 마이클 해링턴, 『오래된 희망, 사회주의』
....
- 마틴 제이, 『변증법적 상상력』
....
- 에르네스토 라클라우, 샹탈 무페, 『사회변혁과 헤게모니』
....
....
....
....
....
....
....

3부

자유주의의
역사와 전통

자유주의의
여러 갈래

'자유주의(Liberalism)'란 용어만큼 우리 귀에 익으면서도 의미가 잘 잡히지 않는 말도 드물 것 같습니다.

일단 우리 헌법을 보면, 대한민국은 "자유민주적 기본 질서에 입각"해서 평화적 통일을 추진하는 걸로 되어 있습니다. 따라서 우리나라는 자유민주주의, 즉 자유주의와 민주주의를 지향하는 나라입니다. 자유주의는 우리 국민들 다수가 동의하는 중요한 가치 중 하나라고 보아야 합니다.

대한민국은 통일을 지향하며, 자유민주적 기본 질서에 입각한 평

화적 통일 정책을 수립하고 이를 추진한다.

자유주의는 보수주의의 반대말로 쓰이기도 합니다. 특히
미국에서 이런 경향이 강한데요. 흔히 민주당은 자유주의적
(liberal)이고, 공화당은 보수적(conservative)이라고 하죠. 하지
만 미국의 민주당원들이 모두 '러버럴(liberal)'은 아니며, 때때
로 '진보적'이란 의미로 '리버럴'이란 용어를 쓰기도 합니다.
보수적인 공화당원들 중에는 '리버럴'을 경멸하는 의미로 쓰
는 사람도 있습니다.

"리버럴? 걔네들은 빨갱이야!"

우리나라에서도 '자유주의'를 긍정적인 의미로만 쓰지는
않습니다. 최근 10여 년간 사람들이 우리나라 정치를 논하면
서 가장 많이 쓴 용어 중 하나가 '신자유주의(neo-liberalism)'인

신자유주의자!

데요. 이 신자유주의란 용어는 주로 어떤 정파나 개인이 자신보다 상대적으로 오른쪽에 있는 상대를 비판 또는 비난하기 위해서 쓰는 경우가 대부분입니다.

그런데 도대체 이 신자유주의란 게 뭘까요?

글자 그대로는 '새로운 자유주의'인데요. 그렇다면 기존의 자유주의에 기반하면서도 무언가 새로운 것이 가미된 자유주의란 뜻일까요? 대답은, "아니오"입니다. 새로울 '신(新)'자가 붙었지만 이상하게도 요즘 유행하는 용어인 신자유주의는 그 옛날 자유주의의 '원래 모습'으로 돌아가자는 뜻에 가깝습니다.

"그렇다면 '신(新)'자유주의가 아니잖아요?"

그렇다면 내용상 신자유주의도 아닐뿐더러, 원래 자유주의란 우리 헌법에서도 추구하는 좋은 것이니까, 신자유주의 역시 좋은 것이어야 맞지 않을까요? 그런데 그게 아니라서 문제입니다. 우리 헌법에서 의미하는 자유주의와 신자유주의의 자유주의는 좀 다르거든요.

이거 참 골치 아픕니다. 용어는 같은데 다른 뜻으로 해석하고 사용하는 사람들이 많으니 말입니다. 비슷한 계열인데 아직 용어 정립이 확실히 되지 않은 것도 있습니다.

Libertarianism

= 자유지상주의? 자유의지주의? 자유방임주의?

원래는 프랑스어지만 영어에서 그냥 받아들여 '자유방임주의' 정도의 뜻으로 쓰는 단어도 있습니다.

이쯤 되면 대뇌피질이 간지러워지기 시작합니다. 도대체 자유주의는 무엇일까요? 무 자르듯 단숨에 대답하기 어려운 질문인 건 분명합니다.

경제적
자유주의

자유주의의 개념에 혼란이 많은 이유는, 우리가 평소에 경제적 자유주의와 정치적 자유주의를 구분하지 않고 마구 쓰기 때문입니다. 양자는 공통점도 있지만 분리해서 보아야 합니다. 경제적 자유주의자가 정치적 자유주의자가 될 수는 있지만 꼭 그런 것은 아니며, 오히려 정치적으로 반(反)자유주의자인 경우도 있고, 또 그 반대로 정치적으로는 자유주의를 고수하지만 경제적으로는 자유주의에 반대하는 경우도 흔하기 때문입니다.

"민주주의 국가라면 언론·출판·집회·결사의 자유는 기본이죠. 하지만 전 한미 FTA에는 반대해요."

　위의 학생은 정치적 자유는 옹호하지만, '자유무역'에는 반대 입장을 표명하고 있는데요. 그렇다고 해서 저 학생의 사고 체계가 모순된 것은 아닙니다. 나름 논리가 서 있고, 현실에서도 저런 입장을 견지하는 사람들이 많지요. 물론 반대로 "국가 안보를 위해서 자유를 어느 정도 제한하는 것이 필요하고, 한미 FTA에도 찬성해요"라고 말하는 사람도 있습니다. 그 역시 나름 일리가 있습니다.

　그렇다면 경제적 자유주의는 무엇이고 정치적 자유주의는 무엇이냐? 둘 다 '자유'란 말이 붙어 있으므로 뭔가 자유롭게 하자는 뜻인 것 같은데….

　먼저 경제적 자유주의는 쉽게 말해, "경제활동에 가능한 모

"여기서 포인트는 경제적 자유주의와 정치적 자유주의는 범주가 다르다, 라는 것!"

"사과 한 알에 10만 원?
이 양반,
칼만 안 든 강도일세."

"싫으면 안 사면
될 거 아니유?
진짜 강도면 칼을 들었겠지."

든 자유를 부여하자"라는 견해라고 보면 됩니다. 물건을 사고 파는 건 각자가 알아서 할 일이라는 것이죠. 따라서 국가나 기타 누구든 웬만하면 간섭하지 말자는 얘기입니다.

사과가 정말 귀해지면, 진짜 10만 원을 내고 사 먹을 수도 있습니다. 소비자는 사과를 아무리 좋아해도 형편이 안 되면 다른 과일로 만족해야죠. 아무리 사과가 비싸도 정부가 간섭해서 가격을 내릴 수도 없는 노릇입니다. 만약 그랬다가는 암시장이 생겨서 실거래 가격은 더 올라갈지도 모릅니다.

경제적 '자유주의자'는 경제활동의 모든 영역에서 대개 이런 입장을 고수합니다.

따라서 (경제적) 자유주의자는 원칙적으로, 아래와 같은 입

"국가는 장사에 간섭하지 마시고,
도둑이나 잡아주세요."

　　　　　　　　　　　　　　　자유주의의 역사와 전통

장을 지지하는 경향이 있습니다.

- 사유재산의 보호
- 계약의 자유
- 규제 완화 내지는 철폐
- 자유무역
- 감세

애덤 스미스와
「국부론」

경제적이든 정치적이든 자유주의의 원조는 영국이라고 생각하면 됩니다. 물론 자유주의를 논하면서 프랑스를 빼놓을 수는 없겠지만, 주연은 역시 영국입니다. 그래서 지금부터 옛날 영국 이야기를 좀 해야 합니다.

'경제적 자유주의의 원조'라고 할 수 있는 학자가 있다면 애덤 스미스입니다. 그의 사상은 소위 그 옛날의 '원래 자유주의'라고 할 수 있는데요. 『국부론』이 대표작입니다.

원래 제목은 '국부의 본질과 원인에 관한 연구'인데요. 아마 경제학자들에게 역사를 통해 가장 중요한 경제학 서적 한 권을 골라보라고 하면 바로 이 책을 드는 학자들이 많을 겁니다. 현재 전 세계에서 운용하고 있는 '자유시장경제'에 관해 가장 먼저, 가장 잘 설명한 책이 이 책이니까요. 하지만 경제학 전공자가 아니라면 다 읽을 필요는 없습니다. 핵심은 간명한 반면, 글쓴이가 살던 시절의 구체적인 사례를 들어 설명하는 부분이 너무 많아요.

엘리자베스 제8년의 제3호 법률(1566년)을 보면, '양·새끼양·숫양을 수출한 자는 초범일 경우에는 그의 총재산을 영원히 몰수하고 1년간 감금한 뒤, 장날에 마을에서 왼손을 절단하여 그 손에 못을 박는다'고 되어 있는데, 이런 법이 아직도 폐지되지 않았다니 얼마나 한심한 일입니까?"

_애덤 스미스, 「국부론」 중에서

보이지 않는
손이란?

『국부론』에서 스미스는 시장경제를 "자연적 자유의 단순한
체계(simple system of natural liberty)"로 부르고 일관되게 자유시
장을 옹호하는 논리를 펴고 있는데요. 그의 가장 유명한 '보이
지 않는 손'이란 표현도 이와 같은 맥락에서 나오는 말입니다.
즉, 시장경제 체제의 참여자들은 외부의 간섭이 없을 때 전 사

"누구나 자신의 이익을 위해 일하지만,
'보이지 않는 손'에 이끌려 의도하지 않았던
목적을 달성한다."

회에 가장 이로운 방식으로 일하게 된다는 것을 표현하고 있습니다.

여기서 잠깐 『국부론』의 구성을 살펴보자면, 크게 5편으로 구성되어 있는데요. 구체적으로 큰 목차를 보면 다음과 같습니다.

제1편 노동생산력을 향상시키는 원인들과 노동생산물이 상이한
　　　 계급들 사이에 자연법칙에 따라 분배되는 질서
제2편 자본의 성질, 축적, 사용
제3편 각국의 상이한 국부증진과정
제4편 정치경제학의 학설체계
제5편 국왕 또는 국가의 수입

이 중에서도 스미스가 가장 길게, 그리고 가장 공들여 설명하고 있는 부분은 '제1편'입니다. 여기서 그는 먼저, '분업'이 어떻게 발생했고, 분업을 하면 얼마나 노동의 효율이 높아지는지 침을 튀겨가며 강조합니다.

그리고 화폐의 의미와 역사에 대해 간단하게 논한 다음, 상품의 가치를 만들어내는 것은 결국 인간의 노동이라는 주장을 전개합니다. 이것이 매우 중요한데요. 후일 마르크스의 주저 『자본론』의 시작이자 핵심이 되는 '노동가치설'의 원조가 바로 여기에 있기 때문입니다. 다만 앞서 '포스트 마르크스주의'에 대해 설명하면서 '가치' 자체가 실체 없는 형이상학적

자유주의의 역사와 전통

개념에 불과할 수도 있다고 했지요? 기억나세요?

참고로 마르크스는 스미스의 논의를 더욱 진전시켜, "상품은 사용가치와 교환가치를 지니는데, 구체적 유용 노동은 사용가치를 형성하고, 추상적 인간 노동은 교환가치를 형성한다"고 정의했습니다.

그런데 여기서 더욱 중요한 것은, 결국 스미스나 마르크스의 논리로 볼 때, '가치'란 오로지 '노동'을 통해서만 형성되는 것이므로, 자본주의 사회에서 '자본'은 아무런 역할이 없으면서도 노동의 성과물을 가로채는 셈이 됩니다.

"따라서 자본주의 사회에서
노동자는 '분배'가 아니라 '생산과정'
자체 내에서 착취당하고 있다고 봐야 하죠."

그다음 스미스는 자유로운 시장 경쟁을 강조합니다. 시장은 가만두면 생산자와 노동자들이 자유로운 계약과 경쟁을 통해 조화를 이루지만, 외부의 간섭과 독점은 이러한 자연스러운 흐름을 방해합니다. 특히 자본가들의 카르텔이나 동업조합(길드)은 자본과 노동의 자연스러운 흐름을 방해하여, 당사자들에게는 초과이익을, 소비자들에게는 과도한 가격 부담을 지게 합니다.

"자본가들은 친목 모임을 하면서도 독점을 통한 가격 인상과
노동자들의 임금 인하를 위해 함께 궁리를 하는 게 보통이지요."

자유무역주의자
애덤 스미스

『국부론』의 2편과 3편은 자본 축적에 관한 이론과 역사적 사례를 통한 자본 축적의 경과를 살피고 있습니다. 그리고 스미스는 4편에서 '정치경제학'을 "국민과 국가 모두를 부유하게 하려는 학문"이라고 간단하게 설명한 후, 당시 유행하던 경제정책이던 '중상주의(mercantilism)'에 대해 온갖 사례를 들어가면서 맹렬하게 비판합니다. 스미스의 '자유시장경제'에 대한 신념이 가장 잘 나타나는 부분도 이곳입니다.

"15세기에서 18세기까지 유럽 자본주의 발흥기에 각국이 자국 산업 보호와 식민지 개척을 요지로 하는 경제 정책을 채택했는데, 이를 중상주의라고 합니다. 프랑스의 재무상 콜베르(Jean-Baptiste Colbert) 아시죠? 중상주의 정책을 실행한 대표적인 인물입니다."

중상주의의 구체적인 실체에 대해서는 논란이 좀 있긴 하지만, 적어도 애덤 스미스가 『국부론』에서 말하는 중상주의는 요즘 말로 하자면 '보호무역주의'입니다.

당시 영국을 비롯한 유럽 여러 국가들은 무거운 관세, 독점무역, 품목별 수입 제한 등의 정책을 통해 노골적인 보호무역주의 체제를 구축하고 있었습니다. 애덤 스미스는 이러한 보호무역주의가 자유경쟁을 막아서 당국의 의도와는 달리 오히려 자국 산업의 성장을 저해한다고 보았습니다.

"통념과는 달리 불리한 무역수지 때문에 가난해진 나라는 없고, 무역이 가장 자유로운 나라들이 무역으로 가장 부유해졌죠."

자유주의의 역사와 전통

게다가 상업과 공업은 궁극적으로 소비자를 위한 것인데, 보호무역주의 때문에 소비자들의 이익이 생산자의 이익에 희생되고 있다고 질타합니다.

> "포르투갈과의 통상조약 때문에 소비자들은
> 국내의 기후조건 아래에서는 산출되지 않는 상품을
> 이웃 나라(프랑스)로부터 구입하는 것을 고율의 관세에 의해
> 방해받고 있으며, 이리하여 멀리 떨어진 나라의 상품을,
> 비록 이것이 이웃 나라의 상품보다 질적으로 떨어진다는 것이
> 일반적으로 알려져 있음에도 불구하고 구입하지 않을 수 없다."
> _『국부론』중에서

스미스가 말하는 '국내의 기후조건 아래에서는 산출되지 않는 상품'이란 건 바로 '와인'을 말하는 건데요. 1703년 영국과 포르투갈이 머슈언(Methuen)에서 체결한 통상조약인 소위 머슈언 조약에 따라, 영국은 포르투갈산 와인에 특혜 관세를 적용하고, 포르투갈은 이를 조건으로 영국산 모직을 수입하

게 되어 있었던 것입니다. 다시 말해 모직업자들을 보호하기 위해 영국 소비자들이 맛없는 와인을 비싼 값에 사 마셔야 했던 거죠.

같은 맥락에서 스미스는 특정 상품에 대한 수입 금지나, 특정 산업 부문에 대한 보조금의 지급, 기타 다양한 종류의 경제적 제한과 특혜에 모두 반대합니다.

"영국 경제가 살아나려면 보호무역정책을 중단하고
프랑스를 비롯한 여러 나라와
FTA(Free Trade Agreement, 자유무역협정)를 체결해야 해요.
포르투갈 와인은 이제 지겹단 말이에요."

국가의
역할

국가는 시민들의 일에 가능하면 끼어들지 않는 게 좋다고 주장하는 '자유주의자' 스미스도 몇 가지 일만은 국가가 맡을 수밖에 없다고 보았습니다.

1. 사회를 다른 사회의 침략으로부터 보호하는 임무

2. 사법과 행정을 확립하는 임무

3. 공공사업을 시행하고 공공시설을 건립하며 유지하는 임무

듣고 보니 당연하지요. 국방과 사법, 행정 없이는 국가가 운

영되기 어렵습니다. 또한 일반인들을 위해 도로나 항만을 자발적으로 건설하는 기업가는 없을 테니까요.

하지만 이 외의 일은 웬만하면 시민들이 알아서 하도록 맡겨두라는 게 애덤 스미스의 입장입니다. 이렇게 오늘날까지 이어지는 '경제적 자유주의'의 전통이 시작된 것입니다.

애덤 스미스의 『국부론』 초판은 1776년에 나왔습니다. 왠지 귀에 익은 연도 아닙니까? 네, 맞습니다. 미국에서 독립혁명이 발발한 해입니다. 내용이 어렵기도 했지만 타이밍이 별로 좋지 않아서 초기 판매는 상당히 부진했다고 합니다.

그건 그렇고 전 세계에서 가장 먼저 산업혁명이 일어난 나라인 영국은 이제 막 '유럽의 공장'으로 부각되고 있던 참이었습니다. 특히 애덤 스미스가 살고 있던 스코틀랜드 지역은 상공업이 상당히 발전하고 있었습니다.

시간이 흐르면서 스미스의 『국부론』은 영국 사회 내에서 점점 더 큰 동의를 얻었고, 실제로 영국은 19세기에 들어서면

"스미스 선생의 말씀이 다 옳고 말고요.
규제는 풀고, 시장은 넓혀야지요."

　　　　　　　　　　　　자유주의의 역사와 전통

서 스미스의 생각에 걸맞은 자유시장경제를 추구합니다. 물론 이는 영국이 전 세계에서 가장 빨리 산업화되면서 거의 모든 분야에서 경쟁력을 지니고 있었기 때문이기도 합니다.

반면 후발 공업국인 독일이나 미국은 영국처럼 빨리 시장을 열어줄 수가 없었습니다.

"잘나가는 나라는 자유무역이 유리하지만,
우리처럼 내다 팔 게 적은 나라에게는 불리하지요."

맬서스와
리카도

19세기 영국은 소위 '빅토리아 시대'를 맞아 세계 최대의 공업국이자 세계 최강국이 되었습니다. 그런데 영국이 자유방임에 가까운 시장경제를 추구하면서 영국이란 나라는 부강해졌지만, 과연 애덤 스미스의 생각처럼 모든 사람들이 이익을 얻었는가 하면 갸우뚱하지 않을 수 없습니다.

소수 자본가와 귀족계층은 엄청난 부를 누린 반면, 발전의 손과 발 역할을 한 노동자들의 삶은 그다지 개선되지 않았거든요. 19세기 중반 당시 영국 노동자들의 생활상은 굉장히 열악해서, 영국의 지식계급은 이에 대해 굉장히 우려하고 있었습니다. 참고로 마르크스의 '영혼의 쌍둥이' 엥겔스의 저서 『영국 노동자계급의 상태』는 이의 실상을 잘 묘사하고 있습니다.

시장을 '보이지 않는 손'에 맡겨두기만 하면 모든 게 잘될 거라고 예상했는데 왜 현실은 그게 아니었을까요?

여기에 대한 설명을 제시하는 사람이 토머스 맬서스(Thomas Malthus)입니다. 그는 1798년 출간한 『인구론(Principle of Population)』에서, "농업기술 발전에 따라 식량은 산술급수적으로 증가하는데, 인구는 기하급수적으로 증가하므로 사람들은 늘 식량 부족에 시달릴 수밖에 없다"라는 주장을 전개합니다. 이 논리에 따르자면, 대다수 인간의 빈곤은 '자연법칙'이며, 빈민을 돕는 모든 시도는 헛수고입니다.

딱 듣기에도 가난한 사람들을 돕기 위해 돈 내기 싫은 부자들의 입맛에 맞는 이론이지요. 실제로 맬서스의 이론은 당시 영국 자본가들에게 꽤 인기가 있었습니다. 의회에서 빈민구

"맬서스 선생의 이론에 따르면
가난은 나라도 못 막는다고 하니,
빈민 구제 예산은 없던 걸로 하겠습니다."
_ 영국 수상을 역임한 정치가 윌리엄 피트(William Pitt)

제법에 반대하는 논리로도 차용되었으니까요.

맬서스의 『인구론』이 끼친 해악 중 하나로 '철의 임금 법칙(iron law of wages)'라는 게 있는데요. "실질임금은 궁극적으로 노동자의 생활에 필요한 최소한의 액수로 낮아져간다"라는 것입니다.

마르크스와 엥겔스에 따르면 이 용어를 가장 먼저 사용한 사람은 라살레이고, 이런 생각의 원조는 바로 맬서스입니다. 하지만 맬서스의 친구였던 경제학자 리카도가 '철의 임금 법칙'을 개발했다고 생각하는 사람들도 많습니다.

"실질임금이 늘면 실질이윤은 줄어든다.
왜냐하면 수입은 임금과 이윤으로
나누어지기 때문이다."

반면 "최대 다수의 최대 행복"을 지향하는 벤담의 공리주의를 수용했던 리카도가 저런 잔인한 주장을 할 의도는 전혀 없었다고 보는 사람들도 있습니다. 리카도는 단지 현실을 설명했을 뿐이며, 실생활에서 그는 노동자들의 편을 들었다는 이야기입니다. 실제로 리카도는 곡물법(대륙에서 수입하는 곡물에 대해 높은 관세를 물림으로써 영국 농업을 보호하는 법안)이 노동자들의

자유주의의 역사와 전통

"그런 건 일단 자유무역의 원칙에 위배되잖아요?
아, 참. 비교우위에 따른 국제적 분업의
장점을 설명한 것도 접니다."

실질임금을 떨어뜨린다는 이유로 반대 입장을 견지했습니다.

곡물법은 1815년부터 1846년까지 영국에 존재했던 곡물 무역장벽으로서, 옥수수, 밀 등 모든 곡물에 수입제한이나 높은 관세를 물려서 실질적으로 수입을 불가능하게 만들었던 법입니다.

19세기 초중반 영국의 정치, 경제, 외교 등이 맞물린 매우 첨예한 사안이었습니다. 영국에서는 1814년까지 나폴레옹 전쟁의 영향으로 곡물가가 높게 유지되었지만 전쟁이 끝나자 프랑스로부터 값싼 곡물이 수입되기 시작했습니다. 그러자 의회를 장악하고 있던 대농지 소유자들이 이 법을 통과시킨 것입니다.

반면 도시 상공업자들에게는 매우 불리한 법률이었습니다. 노동자들이 임금의 대부분을 빵을 사는 데 쓰고 있었기 때문이죠. 이 때문에 리카도를 비롯한 자유주의적 경제학자들은 이 법안에 일관되게 반대했고, 반(反)곡물법 동맹이라는 단체가 결성되기도 했습니다. 그리고 마침내 1846년 로버트 필 총리 주도로 곡물법은 폐기됩니다.

사상으로서 '경제적 자유주의'는 바로 애덤 스미스가 시작하고 리카도가 이어갔다고 보면 됩니다. 이들이 지녔던 기본 사상은 1929년 미국이 대공황을 맞았을 당시 루스벨트 대통령이 뉴딜 정책을 통해 케인스의 "자본주의 경제도 국가의 적절한 개입이 필요하다"라는 주장을 실천하기 전까지 전 세계의 경제를 지배합니다.

"좀 더 자세히 알고 싶다면,
경제학사를 따로 공부해야 합니다.
하지만 여기서 그럴 것까지는 없잖아요?"

자유주의의 역사와 전통

혁명의
시대

이쯤에서 애덤 스미스, 맬서스, 리카도 등이 활약하던 18세기 말과 19세기 초가 어떤 시기였는지 돌아볼 필요가 있습니다. 이 시기는 프랑스 혁명과 그 여파가 전 유럽에 흔적을 남기고, 영국의 산업혁명이 막 가속도를 내려던 때입니다. 유럽의 다른 지역은 거의 전역이 농촌이었고, 대부분 군주들이 절대왕권을 쥐고 봉건적인 질서를 유지하던 때이기도 합니다.

그나마 영국은 그 전부터 귀족과 지역 토호들로 구성된 상원과 하원이 군주를 견제해왔습니다.

"하지만 우리의 권리는요?
세금은 우리가 제일 많이 내는데!"

　하지만 선거로 뽑는 하원의원의 경우, 100년도 더 지난 선거구 획정에 의존했기 때문에, 심지어 유권자가 열 명 남짓 되는 곳에서 의원이 나오는 등 현실을 제대로 반영하지 못했습니다. 따라서 신흥 상공업자는 물론 인구의 대다수를 차지하는 농민과 노동자와 농민들은 전혀 목소리를 내지 못했지요. 그러다가 마침내 1832년 유명한 '대개혁법(the great reform act)'이 통과되었습니다.

대개혁법의 주요 내용

1. 산업혁명 이후 인구가 불어난 지역 선거구 의원 추가.

2. 인구가 줄어들어 소수 토호들이 좌지우지했던 소위 '썩은 지역'들 의석 폐지.

3. 유권자 수 확대. 50만 명에서 81만 3000명. 성인 남성 5인당 1인.

그런데 이 '대개혁'이 결과적으로 신흥 부르주아지들에게만 참정권을 주었을 뿐 재산이 별로 없는 노동자들과는 별로 상관이 없었다는 게 문제입니다. 예전에는 지주들이 의회를 지배했다면, 이제 지주와 상공업자가 함께 지배하는 걸로 바뀐 것뿐입니다.

1838년 이후 노동계급의 투표권 쟁취 운동인 '차티스트 운동'이 등장하는 이유가 바로 이 때문입니다.

차티스트의 여섯 가지 요구

1. 21세 이상의 모든 남성에게 투표권을 줄 것.

2. 비밀투표.

3. 재산 정도에 따라 참정권을 제한하지 말 것(가난한 사람도 의원이 될 수 있도록 할 것).

4. 의원에게 적정한 봉급을 지급할 것.

5. 유권자 수가 비슷하게 선거구를 조정할 것.

6. 매년 의회 선거를 실시할 것(유권자 매수를 어렵게 하기 위한 조치).

그런데 이게 겉보기에는 그냥 '참정권 운동' 같은데, 실상은 상당히 규모가 큰 노동운동이었습니다. 19세기 영국에서 그나마 가장 '혁명적인' 운동이 있었다면 바로 차티스트 운동입니다. 여기서 '그나마'라고 쓰는 이유는 19세기에 영국은 대륙에 비해서 상대적으로 혁명적 열기가 덜했기 때문입니다.

나폴레옹과
근대화

프랑스의 상황을 볼까요? 1789년 프랑스 대혁명에 이어 나폴
레옹의 집권과 몰락 등을 거치고, 1814년 나폴레옹이 전 유럽
을 상대로 한 전쟁에서 패하자 다시 부르봉 왕가의 루이 18세
가 복귀하는 반동기가 도래했습니다.

1789년 프랑스 혁명이 발발하자 영국의 주류는 혁명을 반

"돌아보면 '대륙봉쇄령'이라는 반자유무역 정책을
실시한 게 제 가장 큰 실수 같아요."

기는 쪽이었으나, 머지 않아 혁명 과정의 잔학상이 알려지자 반혁명의 입장으로 돌아섰습니다. 절대군주제를 유지하던 대륙의 다른 지역들 역시 반혁명 세력을 지원했지만, 나폴레옹의 등장 이후 러시아를 제외한 대륙의 모든 지역이 그의 발 아래 무릎을 꿇었습니다. 하지만 끝까지 나폴레옹에 대항하던 영국은 지브롤터 해협 근처의 트라팔가에서 벌어진 해전에서 프랑스 연합함대에 치명적인 타격을 가하고 유럽의 제해권을 장악합니다. 그러자 나폴레옹은 영국과의 모든 교역을 금지하는 '대륙봉쇄령'을 공포했는데, 심지어 프랑스군마저 피복을 공급하기 위해 영국 무역업자와 밀통해 밀수에 나서는 등 실질적 효과보다는 피해가 더 컸습니다. 결국 러시아가 봉쇄령을 어기고 영국과 무역을 시작하자, 나폴레옹은 이를 징벌하기 위해 모스크바 원정에 나섰다가 몰락을 자초하게 됩니다.

정치사상사에서 나폴레옹은 굉장히, 굉장히 특이한 인물입니다. 그는 한편으로는 혁명의 성과인 공화정을 폐기하고 황제가 된 반동의 화신이지만, 다른 한편으로는 자유·평등·박애라는 프랑스 혁명의 모든 가치를 현실에서 실현하려고 노력한 혁명의 화신이기도 했습니다. 그가 이끄는 프랑스 군대는

가는 곳마다 혁명을 퍼뜨렸고, 유럽 각지의 억압받던 민중들은 그의 군대를 환영하기도 했습니다. 그래서 나폴레옹은 유럽의 군주들에겐 '공포' 그 자체였습니다.

'자유주의' 이야기를 하면서 이렇게 19세기 초 프랑스 역사를 되돌아보는 이유가 뭘까요? 나폴레옹의 몰락과 함께 혁명은 죽어버린 것 같았지만, 혁명의 정신은 죽지 않았기 때문입니다.

프랑스 혁명은 봉건제를 일소하고 공화국을 수립하는 등 여러 가지 측면에서 역사의 새로운 장을 열었지만, 또 한편으로는 그 전까지 로크, 루소 등 일부 사상가들의 이론 속에서만 존재하던 인권과 자유와 평등 등 '정치적 자유주의의 기본 가치'들을 실재화했다는 의미가 있습니다.

1799년 프랑스의 독재자가 된 나폴레옹은 구체제를 회복하는 대신 자유주의 정치철학이 반영된 나폴레옹 법전을 편찬했습니다. 그는 근대적 재산권을 확립하고, 길드를 해체했으며, 상공업자의 권리를 보호했습니다. 또한 도량형을 통일하는 등 근대적·경제적 과제들을 해결했습니다. 또한 정치적으로도 종교와 표현의 자유를 확립하고, 참정권을 확대했으며, 온갖 종류의 특권과 차별을 철폐했습니다.

물론 서유럽을 휩쓴 나폴레옹 군대는 다른 지역에도 이러한 조치를 법으로 강제했습니다. 이런 측면을 보면 서유럽 대부분 지역이 나폴레옹 덕분에 '근대화'되었다고 할 수 있습니다.

실패로 끝난
1848년 혁명

나폴레옹의 패배 후 당연히 기득권의 반동이 있었겠지요? 그러나 한번 자유와 평등을 맛본 유럽의 민중들은 그 경험을 결코 잊지 못했습니다. 19세기 내내 프랑스는 물론이고 독일, 이탈리아, 스페인, 네덜란드 등 유럽 전역에서 혁명의 불꽃이 솟아올랐습니다. 참고로 20세기의 역사가 에릭 홉스봄은 아예 『혁명의 시대』라는 제목으로 이 시기를 묘사한 책을 썼습니다. 상당히 재미있는 책이니 독자 여러분에게 일독을 권합니다.

다시 프랑스로 돌아가면, 1814년 왕좌에 등극한 루이 18세는 혁명 기간 동안 이룩한 자유주의적 성과들을 부정하지 않았습니다. 루이 18세는 앞부분에 영국의 '권리장전'과 비슷한 내용이 들어 있는 헌법 '1814년 헌장'을 승인했습니다.

역사학자 앙드레 모루아에 따르면, 나폴레옹의 귀환으로 한바탕 소란을 치른 후 망명지에서 돌아온 루이 18세가 "절대군주제는 바람직했으나 불가능하게 보였으므로 헌장을 준수하기로 굳게 결심했다"고 하는군요.

그리하여 그가 왕위에 있는 동안 프랑스인들은 법 앞의 평등과 의회 정치, (일정한 재산이 있는 자의) 참정권 등의 권리를 누렸습니다. 물론 왕당파들은 사회를 혁명 이전으로 돌리기 위해 백색테러를 자행하는 등 반동적인 노력을 경주했지만 이미 쏟아진 물을 접시에 담을 수는 없었습니다.

하지만 1824년 루이 18세가 사망하자 뒤를 이은 샤를 10세는 시대가 달라졌다는 사실을 인정하지 못하고 '절대군주'의

　　　　　　　　　　　　　　　　자유주의의 역사와 전통

"당장 의회를 해산한다. 그리고 모든 국민은 매일 속옷을 갈아입어야 한다. 그것을 확인하기 위해 오늘부터 모든 국민은 속옷을 겉옷의 바깥에 입는다."

― 우디 앨런의 영화 〈바나나 공화국〉에 나오는 대사.

권리를 행사하려고 했습니다.

결과는? 혁명이었습니다. 프랑스인들은 이제 국왕의 이런 오만을 참아내는 사람들이 아니었습니다. 1830년 파리는 다시 바리케이드로 뒤덮였습니다. 경찰과 군인들은 군중에게 발포할 생각조차 하지 못했습니다. 이 '7월 혁명'으로 샤를 10세는 퇴위하고, 기본권을 보장한 1814년 헌장을 준수할 것이라고 선서한 루이 필립이 왕좌에 오릅니다. (빅토르 위고의 소설 『레미제라블』이 이 시기를 주요배경으로 하고 있습니다.)

혁명은 이걸로 끝이 아니었습니다. 7월 혁명을 시작으로 프랑스에서는 크고 작은 봉기가 끊이지 않았으며, 유럽 전역이

"그깟 종이쪽지, 준수하면 될 것 아닌가?
뭐가 어렵다고?"

혁명의 파도에 휩쓸렸습니다. 그리고 그 파도는 1848년 가장 높이 솟아올랐습니다.

1848년 새해 벽두부터 유럽의 많은 사람들은 세상이 바뀔 거라고 예감했습니다. 아니나 다를까 프랑스에서는 2월 혁명이 일어나 루이 필립이 퇴위하고 제2공화국이 성립되었습니다. 프러시아, 오스트리아, 덴마크, 이탈리아, 스웨덴, 스위스, 아일랜드, 벨기에 등 대륙 대부분의 큰 도시에서 혁명이 일어났고, 심지어 영국에선 차티스트 운동이 일어났습니다. 마치 우리나라의 4·19 혁명 같은 것이 전 유럽에서 더 큰 규모로, 더 폭력적인 양상으로 일어난 것이지요.

이 양상을 본 카를 마르크스와 프리드리히 엥겔스는 유럽에서 사회주의 혁명이 곧 성공할 수 있다는 예감에 사로잡힙니다. 그리고 유럽 최초의 사회주의 정당의 강령이 될 명문, 『공산당 선언』을 집필합니다.

그러나 많은 이들의 기대와는 달리 혁명은 패배합니다. 유럽의 모든 지역에서 왕당파와 보수파들이 승리한 것입니다. 이번에는 노동자와 빈민의 바리케이드가 상비군의 공격을 당해내지 못했습니다.

1848년의 혁명이 실패한 이유는 무엇일까요? 여러 가지 설명이 있지만, 그중에서도 19세기 초 유럽 각 지역에서 성장한 중간계급이 혁명에 반대했기 때문이라는 해석이 유력합니다.

유럽에서는 시기적으로 프랑스 혁명 이래 상공업자를 중심으로 한 부르주아 계층이 점점 확대되었습니다. 그들이 보기에 1848년의 혁명은 이미 확보한 부르주아지의 기득권까지 위협하는 지나친 것이었습니다.

프랑스의 경우가 이런 설명에 딱 들어맞습니다. 2월 혁명 이래 프랑스에서는 자유주의자와 사회주의자들이 각기 조직을 결성하고 지향하는 바를 실현하기 위해 활동하고 있었습니다. 그런데 1848년 소위 '6월 봉기'의 상황이 다가오자 자유주의자는 봉기에 나선 사회주의자의 손을 잡아주지 않았습니다. 사흘 동안의 전투 끝에 파리의 바리케이드는 무너졌고, 3000명의 사망자와 1만 2000명의 '포로'가 나왔습니다.

자유주의의
시대

1848년은 마치 프랑스 혁명의 마침표를 찍는 해 같았습니다. 이로써 부르주아지의 시대가 완성되었다고나 할까요. 참고로 모든 혁명은 지나고 보면 단순하지만, 실제로 그 세부를 들여다보면 무척 복잡합니다. 프랑스의 1789년 혁명도 그렇고, 1848년 혁명도 마찬가지였습니다. 하지만 여기서는 역시 단순하게 요약할 수밖에 없네요.

좀 더 자세하게 알고 싶은 독자에게는 앞서 언급한 홉스봄의 『혁명의 시대』나 앙드레 모루아의 『프랑스사』를 권합니다. 후자는 프랑스의 '전체 역사'를 다룬 책이지만, 혁명기에 관해서 굉장히 재미있게 설명하고 있습니다.

　자유주의를 논하면서 이렇게 역사를 돌아보는 이유는 자명합니다. 정치적 자유주의는 위대한 사상가의 산물이기 이전에 역사적 산물이고, 특히 19세기의 산물이며, 무엇보다도 프랑스 혁명과 그 뒤를 이은 유럽 혁명의 영향을 받은 생각이자 철학이기 때문입니다.

　자유주의(liberalism)란 용어 자체는 1830년경 프랑스에서 사용하기 시작했습니다. 라틴어 'liberalis'에서 유래한 말입니다. 하지만 프랑스에서는 '자유주의(liberalisme)'란 말을 쓰기 한참 전부터 자유주의적인 생각이 유행했습니다.

　루이 14세 시절 프랑스가 절대왕정의 본보기를 보여주었다면, 혁명이 임박했던 루이 16세 시절은 형식적으로는 절대왕정이지만 실질적으로는 귀족과 관료, 그리고 고위 성직자들의 권력 과점이 이루어졌고, 막 성장하고 있던 부르주아지들은 그런 현실에 대해 불만이 가득했습니다. 그래서 혁명이

"liberalis의 원형은 '자유로운'이란 뜻의 'liber'입니다. 요즘 말하는 '인문학(Liberal Arts)'은 (노예가 아닌) '자유인'이라면 배워야 할 학문이란 뜻으로 시작된 것입니다."

일어나기 한참 전부터 혁명적 메시지들이 인기를 얻었다고
해도 과언은 아닙니다.

"볼테르가 우리의 이성을 매혹했고, 루소가 우리의
감성을 깨우쳤다. 이로써 우리가 사는 세계가 얼마
나 진부한지 깨닫고 말았다."

_ 앙드레 모루아, 『프랑스사』 중에서

재미있는 점은 심지어 권력층에서도 이들의 생각에 동조하
는 이들이 적지 않았다는 사실입니다. 루이 15세의 애첩 마담
퐁파두르는 볼테르와 백과전서파의 후원자였고, 백과전서가
금서로 지정되었을 때 이 책의 동판을 숨겨준 사람은 프랑스
정부의 장관이었습니다.

프랑스가 후원한 미국 독립혁명의 성공 이후 이런 자유주
의적 분위기는 더욱 확산되었습니다. 프랑스인들은 대륙회의
를 로마의 원로원으로, 워싱턴을 고대 아테네의 지도자 페리
클레스처럼 보았고, 미국의 '민주주의'를 자신들이 나아갈 모
범으로 생각했습니다.

도버 해협 건너편에 있는 영국도 하나의 본보기였습니다.
18세기 영국은 이미 지난 세기에 명예혁명(1688년)에 성공하

고 권리장전(1689년)을 제정했으며, 이번 세기 들어서는 명실상부한 입헌군주국가로 발전하고 있었기 때문입니다. 18세기 중반으로 가면 왕권신수설 따위는 웃음거리가 될 만큼 국왕의 권력은 제한되었고, 아직 미흡한 대로 천부인권의 개념이 정립되고 사상의 자유와 신앙의 자유가 보장된 사회였습니다.

"로마에서의 내란의 결실은 노예화였지만, 영국의 혼란의 결실은 자유였다.
영국은 왕에게 저항하면서 왕권을 조정할 수 있었던
이 지구상의 유일한 나라이며, 또한 노력과 노력을 거듭하여
결국 이 현명한 정부를 설립한 유일한 나라이다.
… 영국에서 자유를 설립하는 데에 물론 상당한 값을 치렀을 것이다.
유혈의 바다에 독재 권력의 우상을 빠뜨렸다 하겠다. 그러나
영국인들은 훌륭한 법률을 조금도 비싸게 샀다고는 생각하지 않았다."

_볼테르

프랑스의 '계몽주의'는 볼테르를 떠나서 생각할 수 없고, 볼테르의 사상은 영국의 현실을 떠나서 생각할 수 없으므로, 당

시의 영국은 프랑스의 계몽주의에 상당한 영향을 미쳤다고 할 수 있습니다. 그리고 프랑스의 계몽주의는 프랑스 자유주의자들의 중요한 지적 양식이 되었습니다.

따라서 자유주의는 훗날 존 스튜어트 밀이 더욱 정교하게 이론화하기 전에 이미 영국의 현실 속에서 존재했다고 할 수 있습니다. 영국의 명예혁명, 프랑스의 계몽주의, 미국의 독립혁명 이 모두가 영국과 프랑스를 비롯한 유럽의 지식인들에게 '자유주의적' 사고방식을 길러주었던 것입니다.

자유주의자들의
자각

영국과 미국의 본보기를 보고, 볼테르와 루소의 가르침을 머리에 새긴 프랑스인들은 얼떨결에 계획에 없던 혁명을 시작했지만 대체로 구체제(Ancien Régime)를 혁파하고 영국이나 미국같이 자유와 인권이 보장되는 사회를 만드는 것이 별로 어렵지 않을 거라는 희망을 품고 있었습니다. 하지만 오랫동안 변화하지 못하고 정체해 있던 나라를 질서 있게 변화시키는 것은 무리였죠. 변화가 필연적일 때, 서서히 변하지 못하면 급하게 변할 수밖에 없는 것입니다.

그다음 일어난 일은 대부분 독자들이 이미 아실 내용입니다. 프랑스 혁명은 비교적 평화롭게 시작해서 잔인하게 진행되었고, 나폴레옹이라는 독재자가 탄생하면서 안정되었습니다.

　영국의 명예혁명 같은 '평화혁명'을 기대했던 사람들이 현실을 제대로 인식하는 데는 많은 시간이 필요하지 않았습니다. 특히 프랑스의 중산층들은 로베스피에르의 대학살극을 보면서 번쩍 정신이 들었죠.

　1848년 혁명을 이야기하다가 다시 1789년 혁명과 로베스피에르로 돌아간 이유는 무엇일까요? 바로 로베스피에르를 겪은 파리의 중산층들은 혁명이 더 이상 전진하는 것을 원하지 않았다는 사실을 설명하기 위해서입니다.

"수많은 유능한 인물이 가장 비열하고
우매한 사람들에게 학살되었다."
_ 프랑스 혁명기에 활동했던 자유주의 정치가
뱅자맹 콩스탕(Benjamin Constant)

"바로 그들이 저의 핵심 지지자들이지요.
저는 그들이 원하는 안정을 가져다주었습니다."

　아니 파리의 중산층뿐 아니라 농촌의 자영농들 역시 프랑스의 프롤레타리아, 즉 땅이나 여타 재산이 없이 오직 자신의 노동만으로 생활하던 계급과는 이해관계가 달랐고, 생각하는 것도 달랐던 것입니다.

　19세기 유럽 자유주의의 흐름은 바로 이러한 계급적·시대적 배경을 지닌 것이었습니다. 그리고 정서적으로는 봉건적 질서의 청산에 필요한 최소한의 폭력에는 공감하지만, 그 이상의 모험에는 반대하는 것이었죠.

　프랑스의 중산층들은 루이 14세 같은 절대 권력을 쥔 자가 위에서 폭압적 정치를 펼 수도 있지만, 아래로부터 올라온 군중의 권력 역시 그에 못지않은 전제적 억압으로 자유를 파괴할 수도 있다는 사실을 경험으로 깨달았습니다.

　참고로 이런 사태가 일어난 데는 프랑스 계몽주의의 두 기둥 중 하나인 루소의 책임이 크다는 주장도 있습니다. 뱅자맹 콩스탕이 바로 그렇게 말하는데요.

루소는 "인간은 원칙적으로 자유롭다"고 말하면서도, 인민 전체의 의지가 모인 '일반의지'가 각자의 의지를 대행할 수 있다는 과도한 주장을 덧붙였습니다. 그리고 루소의 신봉자 로베스피에르가 자신을 '일반의지'의 실행자로 착각했지요.

> "프랑스 혁명이 과도하게 잔인한 방향으로 흘러간 건 루소의 책임이 커요. '일반의지'가 시민의 모든 결정을 대신한다니 말이 되나요?"
> _뱅자맹 콩스탕

물론 '일반의지'의 개념은 대의민주주의의 개념과 일치한다고 볼 수도 있습니다. 그러나 한계를 두지 않는 대의(代議)는 독재로 이어지기 쉽지요. 실제로 프랑스 혁명 후 나타난 또 다른 '일반의지'는 나폴레옹의 독재였습니다.

현대 국가들은 이러한 '대의정치의 부작용'을 최소화하기 위해 통치자의 권력을 분할하고, 이미 분할된 권력이 할 수 있는 일과 할 수 없는 일을 법적으로 세심하게 규정하고 있습니

자유주의의 역사와 전통

다. 따라서 대통령도 법적으로 정해진 권한 이외에는 행사할 수 없고, 법적 권한 역시 정해진 법적 절차에 따라 발휘해야 하는 것입니다.

"거울아, 거울아, 의회를 해산하고 싶은데 방법이 없을까?"

"그건 법적으로 불가능합니다."

"나를 욕하는 놈들을 감옥에 잡아넣고 싶은데?"

"죄송하지만 대통령을 욕하는 것은 국민의 권리입니다."

혁명의
파급효과

당시 프랑스의 상황은 전 유럽의 지도층들에게 그리 먼 일이 아니었습니다. 유럽 대부분의 유력자들은 가정과 모임에서 프랑스어로 이야기했고, 프랑스 사상가들의 책을 읽었으며, 프랑스식 예절을 지키면서 프랑스 요리를 먹는 사람들이었습니다. 실제 프랑스 궁정과 혼맥으로 연결된 이들이 국가의 맨 꼭대기에 앉아 있기도 했고요.

당시 프랑스는 유럽의 중심 국가였고, 파리는 유럽의 수도였습니다. 그래서 프랑스의 정치적 변화는 즉각 전 유럽에 영향을 미쳤고, 그 변화에 대한 파리지앵들의 정서와 태도 역시 얼마 지나지 않아 전 유럽으로 파급되었습니다.

> 프랑스 혁명은 종교혁명과 마찬가지로 국경을 넘어 멀리까지 전파되었을 뿐만 아니라, 설교와 선전을 통해 침투해 들어갔다. 요컨대 그것은 개종을 불러일으키는 정치혁명으로서 국내에서와 마찬가지로 이방인에게도 열정적으로 설파되었다. 이 얼마나 새로운 광경인가?
>
> **_알렉시스 토크빌, 『앙시앵 레짐과 프랑스혁명』 중에서**

프랑스 혁명은 삼색기와 나폴레옹뿐 아니라 매우 다양한 정치적 후손을 낳았습니다. 혁명 속에서 자유주의, 사회주의자 바뵈프, 노동운동, 자코뱅주의, 무정부주의, 심지어 재산을 공유하자는 극단적 공산주의자들도 나타났고, 무정부주의자 역시 혁명의 후예라고 해도 무방합니다. 또한 나폴레옹은 전 유럽을 침공함으로써 본의 아니게 독일, 스페인 등의 나라에

"당시 '독일' 사람들 중에는 자기가 독일 사람이라고 생각한 사람이 드물었습니다. 나폴레옹의 침공 후 서서히 독일인으로서 자각하기 시작한 거죠."

서 민족주의를 부추기는 역할을 하기도 했습니다.

이런 이념의 홍수 속에서 자유주의는 어디에 있었는가. 바로 정중앙에 있었습니다. 이때 중앙이란 역사의 중앙이자 이념적 스펙트럼의 중앙이기도 합니다.

18세기 말에서 19세기 초에 일어난 중요한 정치적 움직임의 철학적·사상적 배경에는 모두 자유주의가 있었고, 실제로 모든 사건에 (스스로 자유주의자라고 인식하든 그렇지 않든) 자유주의자들이 개입했습니다.

"우리가 자유주의자야?"

"몰라. 자유주의가 무슨 뜻이야?"

그러나 '자유주의자'라는 이름이 없던 때에도, 자유주의적 시민(citoyen)들은 자신들이 구체제를 옹호하는 왕당파와 '근본적 개혁'을 요구하는 프롤레타리아 사이에 있는 존재임을 본능적으로 느꼈습니다.

국내외의 반혁명 세력과 싸우고 로베스피에르의 공포정치를 경험한 그들은 신분제의 철폐와 사상의 자유 등 혁명의 성과를 수호하는 데는 열심이었지만, 다른 한편으로는 '아래로부터 오는 폭정'을 철저하게 경계했고 '근본적 변화'보다는 부르주아지를 위한 변화를 추구했습니다. 즉, 그들은 사상적으로도 보수와 급진 사이에 존재했던 것입니다.

"우리가 원하는 건 보통선거가 아니에요. 적어도 1년에 소득세를 100만 원 이상 내는 남자에게만 투표권을 주는 게 맞다고 봐요."

이때까지만 해도 신분제 철폐와 사상의 자유 정도는 시민들의 상식이었지만, 오늘날 우리가 당연하게 생각하는 보통선거나 남녀평등은 당연하지 않았던 것입니다.

영국의
자유주의

이제 다시 영국으로 돌아가보겠습니다.

　영국에서도 찰스 1세의 처형으로 끝난 청교도혁명 같은 유혈혁명이 없었던 것은 아니지만, 그래도 프랑스에 비하면 상대적으로 평화롭게 발전해왔다고 할 수 있습니다. 이는 영국이 오래전부터 대헌장, 권리청원, 명예혁명과 그에 따른 권리장전 등으로 민주주의를 조금씩 넓혀왔기 때문입니다.

　대헌장(大憲章)은 마그나 카르타(Magna Carta)로도 알려져 있죠. 1215년 6월 15일 존 왕은 귀족들의 강요에 의해 국왕의 권리가 적힌 이 문서에 서명합니다. 다시 말해 여기에 적혀 있지 않은 건 국왕의 권리가 아닙니다.

권리청원은 1628년 찰스 1세가 의회의 요청을 받고 승인한 인권 선언입니다. 누구도 함부로 체포 구금할 수 없고, 민간인을 군법으로 재판할 수 없으며, 군대가 민가에 함부로 투숙할 수 없고, 의회의 동의 없이 과세할 수 없다는 등의 원칙을 확립했습니다.

그런데 찰스 1세는 자신이 서명한 권리청원을 무시하고 의회 없이 권력을 휘둘렀습니다. 국왕과 의회는 여러 가지 문제로 대립하다가 결국 전쟁에 돌입하게 되는데요. 이때 의회파의 '철기군'을 이끌던 이가 호국경 크롬웰입니다. 1649년 찰스 1세는 반역죄를 명목으로 처형되고 잉글랜드는 크롬웰이 지배하는 '공화국'이 되었습니다. 당시 의회파의 주요 구성원들이 청교도였기 때문에 청교도혁명이라고 부릅니다.

1688년 명예혁명이 성공하자, 이듬해 의회는 영국 국민이 지닌 권리를 다시 한번 확정했습니다. 바로 권리장전입니다. 기존에 있던 의회의 권리를 재확인하고 국민의 청원권, 의회 의원의 면책 특권, 신체의 자유 등을 규정했습니다. 그리고 마지막으로 로마 가톨릭 교도는 왕이 될 수 없다는 점을 명기했는데, 이는 전임 왕 제임스 2세가 가톨릭 우호 정책을 고집한 것이 혁명의 큰 이유가 되었기 때문입니다.

　이처럼 영국의 역사는 민중의 직접 참여보다는 귀족과 유산계급이 중심이 되어 정치적으로, 또 경제적으로 통치자의 권력을 제한해온 과정이었다고 할 수 있습니다. 바꿔 말하면 신민들이 권리와 자유를 조금씩 더 얻어내기 위해 국왕으로부터 양보를 받아온 것입니다.

　어찌 보면 영국은 프랑스가 18세기 말부터 겪어야 했던 홍역을 조금씩 나누어서 미리 겪었다고 할 수도 있습니다. 그래서 소위 혁명의 시대인 19세기에도 영국은 차티스트 운동을 제외하면 별다른 격변 없이 꾸준한 정치적 발전을 이루었습니다.

자유주의 사상의
원조

19세기 정치적 자유주의 사상의 대표자가 있다면 바로 영국의 존 스튜어트 밀이죠. 하지만 그 전에 영국에는 로크와 벤담이 있었습니다.

> "군주의 권력은 신민들이 스스로의 필요에 의해
> 그에게 양도한 것이므로, 군주가 신민에게 해악을 끼칠 때에는
> 다시 거두어들일 권리가 있습니다.
> 단도직입적으로 말하자면,
> 왕이 오버하면 끌어내려야 한다는 얘깁니다."
> _ 로크

로크는 군주의 권력을 제한하는 의회민주주의의 이론적 기반을 제공했고, 벤담은 유명한 "최대 다수의 최대 행복이 옳고 그름의 기준"이라는 공리주의 원칙을 통해 정치가 '다수' 시민들을 위한 것이어야 한다는 사상을 설파했습니다.

"공리주의(公理主義)의 '공리'는 '공공(公共)'의
'이익(利益)'이라는 뜻이 아닙니다.
이게 번역을 공리라고 하니까 어려운데요.
쓸모주의 정도라고 생각하면 쉽습니다.
즉 쓸모가 있는 것이 좋은 것이다.
그러니까 좋은 게 좋은 거다,
이렇게 생각하면 좋겠습니다."
_벤담

두 사람 중 특히 벤담은 매우 특이한 사람이었습니다. 런던의 부유한 가문에서 태어난 그는 어렸을 적부터 영재로 소문난 아이였습니다. 세 살 때부터 라틴어를 깨치고 집에 있는 책을 다 읽었다고 하지요. 열두 살에 옥스퍼드에 있는 퀸스 칼리지에 들어가서 열다섯 살에 졸업하고, 3년 후에는 박사가 됩니다. 그는 변호사 자격을 얻었지만 영국의 법 제도가 '악마의 협잡' 같다면서 실무에는 뛰어들지 않았습니다.

그 후 벤담은 『도덕과 입법의 원리 서설』을 발표하고 세상에 자신의 이름을 알립니다. 지금 돌아보면 그는 굉장히 현대적이고 실용적인 사람이었는데요. 그는 정치적·경제적 자유를 옹호하고, 국가와 교회의 분리, 표현의 자유와 남녀평등, 심지어 동성애에 대한 탄압 중지까지도 주장했습니다. 또한 사형제의 폐지와 체벌형 금지, 동물 학대 반대 등 현대의 자유주의자들이 주장하는 것과 거의 다르지 않은 생각을 지니고 있었습니다.

하지만 그는 루소나 로크 같은 전 세대의 학자들과 달리, 인간의 권리는 타고난 게 아니라 얻어내는 것이라고 생각했지요.

여기까지는 좀 특이하고 똑똑한 사람이었구나 싶은데요. 이 다음이 이상합니다. 학자로서 어느 정도 명성을 얻은 그는 어느 날부터 소위 '팬옵티콘(panopticon)'이라는 계획에 골몰하기 시작합니다. 구조가 독특한 건물인데요. 중앙에 탑이 있고 주변을 원형으로 둘러싼 방들이 있는 모양입니다. 바로 감

"자연권? 그런 게 어딨어? 증거 대봐."

옥의 구조입니다. 공리주의자 벤담은 '가장 효율적인' 교정 시설을 만들고자 했던 것입니다.

그런데 돌아보면 '범죄자의 교정' 문제는 변호사인 벤담의 오랜 관심 분야였습니다. 실은 그의 대표작인 『도덕과 입법의 원리 서설』도 후반부는 범죄자의 처벌과 형법 문제를 다루고 있지요.

벤담은 범죄자의 교정에 대한 좀 더 구체적인 연구에 돌입했고, 그 결론이 팬옵티콘을 만드는 것이었습니다. 문제는 아무도 그의 말에 귀 기울이지 않았다는 사실. "그거 괜찮은 아이디어"라고 말해주는 사람도 있었고, 심지어 벤담의 제안을 실현할 뻔도 했지만 실제로 열의를 가지고 일을 진행한 사람은 아무도 없었습니다.

거의 전 생애를 팬옵티콘 건설에 매진했던 벤담은 파산하고 말았습니다. 결국 생전에는 이 건축물이 올라가는 걸 보지 못했죠. 그리고 그 후로도 벤담의 설계도에 기초한 팬옵티콘 건

"뭘 귀찮게 이런 걸 만드나.
교도소는 지금도 잘 돌아가는데."

자유주의의 역사와 전통

물은 만들어지지 않았으나, 19세기 말부터 영국과 프랑스 등지에 유사한 형식의 교도소 건물들이 몇 개 만들어졌습니다.

벤담은 죽을 때도 좀 특이한 유언을 남겼는데요. 이왕 썩어버릴 자기 시체를 그냥 땅에 묻지 말고 미라로 만들어서 전시해달라고 했습니다. 그 유언은 지켜졌고 벤담의 미라는 지금도 런던의 한 대학에 전시되어 있습니다.

정치적 자유주의자
존 스튜어트 밀

벤담의 조수이자 친구였던 제임스 밀이라는 사람이 있었습니다. 바로 존 스튜어트 밀의 아버지입니다. 벤담의 친구답게 고전과 최신의 학문 경향에 통달했고, 게다가 공리주의적 사고 방식으로 똘똘 뭉친 사람이었지요. 그는 로크의 이론 중에서도 특히 "애들은 태어날 때 백지와 같다"는 주장에 공감하고, 그 백지에 남들보다 먼저 그리스어와 라틴 고전들을 써넣기로 결심했습니다.

전 아버지의 영재 교육 덕분에, 세 살 때 그리스어를 배우기 시작해서 『이솝 우화집』을 그리스어로 읽었고, 그다음에는 크세노폰의 『페르시아 원정기』, 헤로도토스의 『역사』, 루키아노스, 디오게네스 라에르티오스, 이소크라테스, 플라톤 등의 작품을 그리스어로 읽었습니다. 여덟 살이 되어서는 라틴어를 배우기 시작해서, 그때부터 호라티우스, 오비디우스, 베르길리우스, 타키투스, 호메로스, 디오니소스, 소포클레스, 에우리피데스, 아리스토파네스, 투키디데스 등의 작품을 라틴어와 그리스어로 읽었습니다.

_존 스튜어트 밀, 『자서전』 중에서

뭔가 심한 것 같지 않습니까? 존 스튜어트 밀 본인은 자기가 특별히 뛰어난 아이는 아니었고, 누구라도 자기가 받았던 식으로 교육을 받는다면 일찍부터 고전에 통달한 지식인이 될 수 있을 거라고 말합니다만….

밀은 스무 살경에 갑자기 신경쇠약 증상을 보이기 시작합니다. 밀 스스로도 자서전에서 아마 어릴 때 아이의 자연스러운 감정 표출을 억제하고 지나치게 공부에만 몰두한 결과인 것 같다고 말합니다. 다행히 그의 정신은 서서히 정상을 회복합니다.

청년이 된 존 스튜어트에게 일생일대의 사건이 일어나는
데요. 바로 해리엇 테일러란 여성을 만난 일입니다. 문제는 이
여성이 당시 유부녀였다는 사실! 그런데 밀은 자그마치 20년
이나 기다렸다가 그녀의 남편이 죽자마자 그녀에게 청혼하고
승낙을 받아낸 것입니다!

놀랍지 않습니까?

존에게 해리엇은 아내 이상의 존재였습니다. 존 스튜어트
밀은 해리엇 테일러로 인하여 여성이 남성보다 결코 열등한
존재가 아니라는 사실을 깨달았다고 합니다. 밀의『자유론』도
그녀의 도움 없이는 완성될 수 없었을 거라고 겸손하게 말하
지요.

『자유론』의 서두에서 밀은 해리엇이 "나의 저술 중 가장 훌
륭한 것 모두를 불러일으켰고 그 일부의 저자"였으며, 다른 책
들과 마찬가지로 이 책 역시 "나의 것이자 그녀의 것이다"라
고 기록하고 있습니다.

자유주의의 역사와 전통

자신과 타인의 행복에 관한 선언
「자유론」

이제까지 19세기의 정치사와 사상사를 둘러본 이유도 결국 밀의『자유론』에 도달하기 위해서라고 해도 과언은 아닙니다. 그만큼 밀은『자유론』에서 오늘날 우리가 아는 자유주의의 핵심을 정확하게 요약하고 있기 때문입니다.

밀의『자유론』은 가능하면 한번 읽어보는 게 좋습니다. 정치적 자유주의를 이해하는 데 핵심적인 책일 뿐 아니라, 그리 길지도 않고 이해하기도 쉽게 쓰여 있습니다.

이 에세이의 주제는 … '시민적 · 사회적 자유'다. 즉, 사회가 합법적으로 개인에게 행사할 수 있는 권력의 본질과 한계에 대한 것이다.

_「자유론」 '서문' 중에서

밀의 문제의식은 이렇습니다. 이전에는 전제군주나 특권층이 시민의 자유를 박탈했지만, 민주주의 사회에서는 사회 자체가 다수의 합의를 바탕으로, 혹은 다수의 합의라고 추정되는 의지를 바탕으로 개인의 자유를 침해할 가능성이 있는데, 그것을 어디까지 허용해야 할까요?

밀의 대답은 분명합니다. 그러면 안 된다는 거죠. 배꼽을 드러낸 여성을 경멸하는 것 역시 자유지만, 배꼽티 입는 것을 금지할 권리는 누구에게도 없다는 게 밀의 생각입니다. "개인은 타인을 해치지 않는 한, 모든 자유를 누려야 한다." 심지어 어떤 개인이 자해를 하더라도 그가 타인을 해치지 않는다면, 사

"자신에 대해, 자신의 신체와 정신에 대해
각자는 주권자입니다."

회는 그를 가만두고 봐야 합니다. "즉, 개인의 행동 중 사회의 제재를 받아야 할 유일한 것은 그것이 타인과 관련되는 경우뿐"이라는 겁니다.

다만 그가 너무 어려서 혹은 정신적인 장애로 판단력을 상실한 상태에서 자해를 할 경우에는 사회의 개입이 가능하고 필요합니다. (여기서 밀은 '인종 자체가 아직 유년기에 있다고 볼 수 있는 후진 상태의 사회'도 타인의 감독이 필요하다고 말하면서, 19세기 특유의 식민주의적 태도를 비칩니다.)

그는 '자유'를 다음과 같이 정의합니다.

자유라고 불릴 수 있는 유일한 자유는 우리가 타인에게 행복을 뺏으려 하지 않는 한, 또는 타인이 행복을 얻고자 노력하는 것을 방해하지 않는 한, 우리 자신의 방법으로 행복을 추구하는 자유다.

_「자유론」 중에서

자유의
세 가지 영역

깔끔하지요? 그는 이 자유를 구체적으로 세 가지 영역으로 구분합니다.

첫째, 양심의 자유. 이는 사상의 자유 및 표현의 자유와 불가분의 관계입니다. 가끔 보면 생각은 어떻게 하든 상관없지만 표현하는 건 제한해야 한다고 하는 사람들이 있는데요. 그건 무지의 소치입니다. 표현하지 못하는 생각의 자유는 무의미한 거죠.

둘째, 취향과 탐구의 자유. 남들에게 해를 끼치지 않는 한 내 취향대로 하는 자유입니다. 환갑 넘은 할머니가 배꼽티를

입고 다니든, 혼자서 쪽배를 타고 태평양 횡단에 도전하든 내 자유에 속하는 문제인 것입니다.

셋째, 단결의 자유. 정당이나 노조를 설립할 수 있는 자유입니다. 물론 동창회나 독서 토론회를 조직해도 됩니다.

밀이 말하는 세 가지 자유

1. 양심의 자유
2. 취향의 자유
3. 단결의 자유

이 세 가지 자유 중에서도 밀이 『자유론』에서 가장 먼저, 자세히 논하는 자유는 양심의 자유와 그에 따른 표현의 자유입니다.

밀이 보기에는 어떤 권력이든 표현의 자유를 막는 것은 옳지 않으며, 많은 사람들이 보기에 나쁜 생각도 펼치도록 허용하는 게 좋습니다. 이유는 다음과 같습니다.

1. 우리가 보기엔 해로운 의견이지만 실제로는 그 의견이 최선이고 진리라면, 우리는 최선과 진리를 억압한 것이 된다.

2. 설사 그 의견이 오류라 하더라도 거기에는 진리 일부가 포함되어 있을 수 있고, 사실 대개의 경우 포함되어 있다.

3. 공인된 의견이 진리라 해도, 이에 대한 토론이 허용되지 않는다면 이는 일종의 편견과 다를 바 없다.

4. 토론이 없이 공인된 의견은 형식적인 구호에 지나지 않아 실생활에서 의미를 잃어버릴 것이다.

따라서 어떤 견해를 표명할 자유는 무제한으로 허용되어야 합니다. 우리를 지적 노예의 상태에서 해방하기 위해서도 사상의 자유는 필요하지만, 공익의 측면에서 보아도 역시 사상의 자유는 꼭 필요합니다. 사상의 억압은 모두에게 해롭고, 사상의 자유는 사회적으로 이익입니다. 왜냐하면 우리가 억압하는 의견이 진리인지도 모르거든요.

유럽에서 "지구가 둥글고, 태양 주위를 돈다"라는 의견을 한때 탄압했던 걸 기억해보면 확실히 맞는 말 같네요.

"결국 내 말이 맞았잖아요."

자유주의의 역사와 전통

스스로를 무오류라고 가정하는 생각이 바로 독단주의입니다. 독단주의자들은 자신이 독단주의자라는 사실을 잘 모르지요. 역사를 돌아보면 그런 개인이나 조직들이 수도 없이 많았습니다.

자신의 생각만이 옳다고 생각하는 것 자체는 문제가 아닙니다. "내 생각이 절대적으로 옳지만, 넌 너의 틀린 생각대로 살아도 상관 없어"라고 하는 사람은 그나마 괜찮은 사람이죠.

진짜 골치 아픈 인간은 자신의 생각을 타인에게 강요하는 사람입니다.

다른 생각을 지닌 사람은 행동도 다르게 하기 마련입니다. 이를테면 독실한 이슬람교 신자들은 절대 돼지고기를 먹지 않아요. 채식주의자들은 고기 자체를 안 먹죠. 어떤 사람은 산을 좋아하고, 어떤 사람은 바다를 좋아합니다. 즉, 사람마다 생각이 다르고, 개성과 취향이 다릅니다. 다들 취미도 다르죠.

그런데 어떤 사람은 타인들이 보기에 굉장히 독특한 개성이나 취향을 지니고 있습니다. 그냥 독특하면 괜찮은데, 때로는 남들이 보기에 불쾌할 수도 있지요. 그런 경우에도 타인에게 직접적인 위해를 가하지 않는다면 개성과 취향은 존중되어야 합니다.

사실 천재들은 남들이 보기에 좀 괴짜인 경우가 많습니다. 밀은 좀 특이한 개성이나 취향을 가진 사람들을 변태라고 몰아붙이면 천재들 역시 희생될 가능성이 높다고 말합니다.

자유주의는
다원주의

타인에게 위해를 가하지 않는 한도 내에서 개인의 자유는 사회에도 이로운 것입니다. 자유로운 개인들이 사회에 불어넣는 다양성과 창의력, 활력은 진보를 위한 동력이 되지요.

즉, 자유주의는 밀의 공리주의적인 사상적 기초와도 일치합니다. 여기서 밀의 자유주의가 다원주의와 만나고 있다는 점은 상당히 중요한데요. 다원주의와 자유주의는 서로 인식론적 기초를 공유하고 있습니다.

방금 전에 다수가 보기에는 해로운 의견이지만 실제로는 그게 유익하거나 진리일지도 모른다고 했잖아요. 자유주의의 기본 입장 중 하나인데요. 어떤 이상한 견해든지 '참'일 가능성이 있고, 타인에게 해를 끼치지 않는 이상 존중되어야 한다고 생각하지요. 그래서 자유주의자들은 다른 사람들의 믿음에 대해 관대합니다. 다른 이들의 믿음이 옳을 수 있다는 것을 인정하고 들어가기 때문입니다.

자유주의자들은 원칙적으로 어떤 종류의 믿음을 가진 사

"현재 참인 명제는 그것을 반증하는 증거가
나오기 전까지만 참이라고 할 수 있지요.
따라서 우리 모두가 참이라고 가정하는 명제는
잠정적인 것이라고 보야야 합니다."

람을 만나도 항상 '토론'할 준비가 되어 있고 실제로 토론을 벌입니다. 또한 아무리 나와는 다른 사고방식을 가지고 있고, 다른 식으로 살아가는 사람을 만나도 그 사람의 생각과 라이프스타일을 존중합니다. 그리고 '자신과 다른 것'에 대한 '관용'이야말로 사회를 유지하는 가장 중요한 덕목이라고 생각합니다.

다시 존 스튜어트 밀로 돌아가면, 그는 평생의 사랑 해리엇 테일러와 결혼했지만 행복은 오래가지 않았습니다. 7년 후 아내가 폐출혈로 사망하고 말았기 때문입니다. 그 후 밀은 대학과 정치에 몸담기도 하면서 학술 활동도 지속했습니다. 말년에는 프랑스에 건너가서 당대의 학자들과 교류했고 그곳에서 숨을 거두었습니다. 그는 아비뇽에 있는 아내의 무덤 옆에 나란히 묻혔습니다.

보수적 자유주의자
알렉시스 토크빌

밀이 프랑스에서 교류하던 사람 중에 알렉시스 토크빌이라는 사람이 있습니다. 네, 그는 『미국의 민주주의』란 저서로 유명하지요.

원래 소귀족 집안 출신이었던 토크빌은 미국 여행을 통해 미국의 민주주의를 직접 관찰하고 민주주의의 무한한 가능성에 경외심을 갖게 됐지만, 민주주의 내부에 있는 위험성도 예리하게 관찰했습니다.

자유무역을 옹호하는 경제적·정치적 자유주의자였던 그가 가장 고심한 문제는 현대 사회에서 자유와 평등을 어떻게 조화시킬 것인가 하는 문제였습니다.

자유에는 어느 정도의 평등이 필요하고, 평등에는 자유가 어느 정도 필요합니다. 그런데 현대인은 자유보다 평등을 더 좋아하는 경향이 있다는 거죠.

토크빌은 서구 사상사에서 소위 '대중사회'의 도래를 최초로 포착한 인물입니다. 토크빌이 살던 19세기 중반의 프랑스는 혁명 이후 도시 인구의 다수를 차지하던 노동자들의 불만이 사회적으로 표출되면서 평등에 대한 열망이 가득했지요. 그리고 토크빌은 그것을 두려워합니다.

"그 때문일까요? 막상 내각에 입각한 토크빌은 표현의 자유를 가로막는 입법에 찬성했습니다. 그 법안이 혁명적인 변화 대신 안정적인 진보를 이루기 위한 '어쩔 수 없는 최소한의 장치'라고 옹호합니다."

토크빌은 정치적 영역에서 '보수적 자유주의자'의 전형을 보여준 인물이라고 할 수 있습니다. 물론 민주주의 체제에서 다수가 횡포를 부릴 수 있는 가능성도 늘 경계해야 합니다. 하지만 토크빌은 밀과는 달리 당시 중산층의 계급적 이익을 자유주의 원칙 앞에 내세웠습니다. 토크빌 역시 밀에 못지않게 매우 위대한 인물이긴 하지만 이 점은 좀 아쉽네요.

　여기까지가, 고전적 자유주의에 관한 이야기였습니다. 복습하는 의미에서, 자유주의를 대표하는 학자는?

　경제적 자유주의 = 애덤 스미스

　정치적 자유주의 = 존 스튜어트 밀

4부 ——————————
오늘날의 자유주의

자유지상주의?

고전적 자유주의와 비슷한 개념으로 리버테리어니즘(libertari anism)이란 것이 있습니다. 직역하자면 '자유지상주의'쯤 되고, 기본적으로는 자율과 선택의 자유, 정부 간섭의 배제, 재산권 존중 등 자유주의의 기본 원칙들을 아주 강력하게 주장하는 사상이라고 보면 됩니다. 하지만 이 역시 사상사적으로 보면 명확하게 정의된 개념이 아닙니다.

19세기 후반에는 사회주의와 비슷한 의미로 사용됐고, 20세기 이래 미국에서는 '경제적 보수주의 + 정치적 자유주의'를 가리키는 말로 사용됐는데요. 1970년대 이래 '신자유주의'라는

오늘날의 자유주의

용어가 등장하면서 리버테리어니즘을 거의 대체하고 있는 느낌입니다.

신자유주의 = 리버테리어니즘의 진화×발전?

가장 유명한 리버테리언을 한 명 소개하자면 윌리엄 섬너(William Graham Sumner)라는 인물이 있습니다. 사회학자이자 문화인류학자, 정치학자로 예일대학교 교수였던 그는 미국의 보수주의자들에게 많은 영향을 끼쳤습니다.

그는 경제적인 측면에서 고전적 자유주의자들과 비슷한 견해를 지니고 있었지만, 제국주의에는 강력하게 반대했습니다. 그는 반제국주의동맹이라는 단체의 부회장을 맡기도 했습니다.

그런데 섬너는 허버트 스펜서의 영향을 받은 사회적 다윈주의자였습니다. 이것이 문제인 이유는 사회적 다윈주의('다원주의'가 아니에요!)가 제국주의를 철학적으로 뒷받침한 사상이었기 때문입니다.

19세기 후반 유럽의 지성계에 횡행하던 사회적 다윈주의는 진화론을 사회과학적으로 재해석한 것이라고 할 수 있습니다. 여기서 키워드는 자연선택과 적자생존입니다.

제국주의자들은 사회적 다윈주의 철학을 근거로 유럽인들이 진보한 '적자'들이고, 식민지 사람들은 열등한 존재이므로 식민 지배가 정당하다고 주장했지요.

20세기 초반 우리나라에도 일본을 거쳐서 사회적 다윈주의가 유입되었고, 일부 친일파들은 이를 무비판적으로 받아들여서 자신들의 행위를 정당화하기도 했습니다. 이에 대해서는 박노자 교수가 저서 『우승열패의 신화』에서 잘 설명하고 있습니다.

강추!

다시 윌리엄 섬너로 돌아가면, 그는 사람들이 제한된 자원을 획득하기 위해 경쟁하므로 '적자생존'을 피할 수가 없으며, (복지 정책 등으로) 이 경쟁에 인위적으로 개입하는 것은 '부적합한' 자들을 양산할 뿐이라고 봅니다. 어디서 듣던 말이죠? 네, 앞서 맬서스의 인구론을 설명하면서 나왔던 말과 비슷합니다.

따라서 어떻게 해야 하느냐고요? 그의 해결책은 고전적 자유주의자들의 대답과 다르지 않습니다. 그냥 시장이 하도록 놔두라는 거죠. 자유무역을 옹호하고, 사회주의적인 계획경제는 당연히 극렬하게 반대하죠.

참고로 윌리엄 섬너가 만들어낸 개념 중에 '잊혀진 사람 (The Forgotten Man)'이란 게 있습니다. 미국의 보수주의자들에게 꽤 호소력을 발휘한 용어인데요. 우리나라에서 가끔 쓰는 '침묵하는 다수' 비슷한 느낌이 드네요.

어느 날 A는 X란 사람이 어떤 문제로 고통받고 있는 것을 목격합니다. A가 생각하기에 이는 잘못된 일입니다. 그래서 A는 B와 그 문제에 대해 이야기합니다. 결국 그 두 사람은 X를 돕기 위해 법안을 통과시키는 데 성공합니다. 그런데 항상 그 법안은 C로 하여금 X를 위해 뭔가 하도록, 혹은 좀 더 나은 경우 A, B, C 모두 X를 위해 무언가를 하도록 결정합니다. 제가 말하고 싶은 것은 C를 보라는 것입니다. 저는 그를 '잊혀진 사람'이라고 부릅니다. 그는 항상 개혁자, 사회봉사자, 인도주의자의 희생자가 됩니다. 그는 사회가 부여하는 막중한 짐을 떠안고 사는 사람이고, 그야말로 우리의 주목을 받을 만한 자격이 있습니다.

_ 윌리엄 섬너의 에세이, 「잊혀진 사람」 중에서

사회적
자유주의

19세기 말 유럽을 횡행했던 사회적 다윈주의 철학에 따르면 국가가 가난한 사람들을 돕는 건 적자생존의 원칙을 거스르는 짓입니다. 하지만 이런 생각에 정확히 반대되는 흐름도 있었지요. 즉, 개인의 자유와 사회정의를 동시에 추구하는 소위 '사회적 자유주의자'들도 늘어난 것입니다.

"살아남았으면 모두 잘난 거야?
그럼 인간이 바퀴벌레보다 나을 게 뭔가?
우리는 다 죽어도 바퀴벌레는 살아남을 텐데."

앞서 사회민주당을 비롯한 유럽 좌파들의 존재와 행동이 각국의 복지 정책을 유도했다는 내용의 설명을 한 적이 있지요. 독일 군주제의 수호신이었던 '철혈재상' 비스마르크조차도 각종 복지 정책으로 노동자들에게 양보할 수밖에 없었지요.

사회적 자유주의자들은 사회주의자들과 함께 이런 흐름에 이론적 기반을 제공했고, 다른 한편으로는 사회적 다원주의에 저항하는 이론적 투사 역할도 맡았습니다.

사회적 자유주의를 대표하는 학자는 레너드 홉하우스 (Leonard Hobhouse)입니다. 그는 '자유방임경제'에 반대하고, 자유주의가 '해방적 성격'을 지닌다고 주장했습니다.

1929년 대공황은 자본주의 역사에서 큰 전기가 되었습니다. 이는 소위 자유방임주의적 자본주의의 파산을 알리는 결정적인 신호였지요.

미국에서는 이에 대한 대응으로 루스벨트 대통령이 뉴딜 정책을 주도하면서 고전경제학을 신봉하던 사람들을 놀라게 합니다. 뉴딜 정책은 국가가 은행을 재편하고, 수많은 공공사업을 일으키는 등 본격적으로 경제에 개입하는 것이었으니까요. 당연히 보수주의자들은 루스벨트를 빨갱이라고 욕했습니다.

"빨갱이라서 그런 게 아니라
케인스 경제학의 영향을 받은 거지요."

　뉴딜 정책은 사회 전반에 매우 큰 영향을 미쳤습니다. 미국 정치계가 리버럴과 보수주의자로 갈라지는 계기가 되기도 했지요. 다시 말해 이후 미국에서 리버럴은 보수주의의 반대말처럼 사용됩니다.

　뉴딜 이후 미국의 리버럴과 보수주의자들이 정부를 바라보는 관점이 완전히 대립하는데요. 대충 정리하자면 이렇습니다.

리버럴:

정부의 책임을 강조.

모두에게 평등한 기회를 주기 위해 정부가 개입해야 함.

사회적 병폐를 경감시키고, 시민적 자유 및 인권을 보호하는 것이

정부의 의무.

사회문제 해결을 위해 정부가 개입하는 걸 전반적으로 긍정.

보수주의:

개인의 책임 강조.

정부 역할 제한. 자유시장.

개인의 자유. 전통적인 미국적 가치. 강력한 국방.

문제를 개인적 차원에서 해결하는 것을 선호.

"내가 총을 몇 정이나 갖고 있든
그건 내 마음이야."

오늘날 학문적으로는 특별히 누가 사회적 자유주의를 대표한다고 말하기는 어렵습니다. 사실 '사회적 자유주의자'란 개념 자체가 학문적으로 엄밀하게 정의된 것이 아니기 때문입니다. 따라서 "나는 사회적 자유주의자"라고 주장하는 사람도 없습니다.

다만 저더러 현대 학자들 중에서 사회적 자유주의적 경향을 지닌 학자를 골라보라고 하면 『정의론(A Theory of Justice)』의 존 롤스, 『불확실성의 시대(The Age of Uncertainty)』의 저자인 존 케네스 갤브레이스, 『자유론(Liberty)』의 이사야 벌린 정도를 꼽겠습니다.

이사야 벌린은 자유를 크게 소극적 자유와 적극적 자유로 나누어 설명한 사람으로 가장 유명합니다.

그에 따르면 소극적 자유란 "어떤 것으로부터 침해받지 않을 자유"이고, 적극적 자유란 "무엇을 성취할 수 있는 자유"입니다. 벌린은 진정한 자유 사회로 나아가기 위해서는 적극적 자유가 실현되어야 하지만, 그 자유는 타인의 피해를 초래하지 않는 범위 내로 제한되어야 한다고 주장합니다.

사회적 자유주의가 소위 '리버럴'의 주된 경향이므로 이 외에도 많겠지만 비교적 우리나라에 잘 알려진 학자를 골라보았습니다.

소위 '신자유주의'는 이런 주류적 경향에 대한 반동이라는 측면도 있습니다. 당연히 밀턴 프리드먼 등의 '신자유주의자'들은 국가가 사회정의를 위해 시장에 개입하는 경향에 대해 반대하죠. 그러나 이게 법칙 같은 것은 아니어서 의외로 하이에크 같은 사람이 보편적 의료 복지에 찬성합니다. 어렵죠?

신자유주의의
진짜 의미

요즘 사람들이 자주 쓰는 용어인 '신자유주의'란 자유주의의 원래 모습으로 돌아가자는 이야기라고 말했지요. 그런데 왜 어떤 사람들은 '신자유주의'란 말을 욕처럼 쓸까요?

이유는 신자유주의자들이 말하는 '자유주의의 원래 모습'이란 게 특히 '경제' 부문에 해당하는 이야기이고, 그것이 대다수 서민들에게는 그리 바람직하지 않기 때문입니다. 애덤 스미스 시절 '경제적 자유주의'의 내용이 어떤 것이었는지 상기해봅시다.

간단히 말해 "국가는 경제에 간섭하지 말고 도둑이나 잡아

"우리의 소원은 경제적 자유주의.
구체적으로 재산권 보호! 거래와 계약의 자유!
자유무역! 규제 철폐! 자본의 자유로운 이동!"

라" 하는 거죠.

학문적으로 보면 신자유주의는 프리드리히 하이에크를 중심으로 한 오스트리아학파와 밀턴 프리드먼을 필두로 한 시카고학파를 말하는 경우가 많지만, 그 외에도 다양한 경향을 뭉뚱그려서 부르는 이름이라고 보는 게 맞습니다.

사실을 말하자면 신자유주의라는 게 '대충' 고전적 자유주의 이념으로 돌아가자는 이야기라는 데까지는 대부분 동의하지만, 신자유주의의 의미에 대해 그 이상의 구체적인 합의는 아직 없다고 보는 게 맞습니다. 그래서 남들이 신자유주의자라고 부르는 사람이 스스로는 신자유주의자라고 생각하지 않는 경우가 많죠.

"왜 그래? 나는 아냐."

그러나 저 개인적으로 오늘날 유행어처럼 쓰이는 신자유주의의 진정한 의미를 말해주는 사람이 별로 없는 걸 좀 이상하게 생각하고 있습니다. 그게 뭐냐고요?

사람들이 잘 말하지 않는 신자유주의의 진정한 의미는 20세기 후반 소비에트 블록의 몰락 이래 오만해진 자본의 무제한적 폭주입니다.

앞서 서구 사민주의 운동과 소비에트 러시아의 존재가 자본의 양보를 유도한 측면이 있다는 점을 말씀드렸지요. 아시다시피 1990년경 그 둘 중 하나인 소비에트 블록이 사라졌습니다. 그러자 자본은 본능적으로 예전보다 훨씬 자유로워졌음을 깨달은 것입니다.

자유는 '돈 벌 수 있는' 자유!

때때로 자본은 생명체처럼 보일 때가 있습니다. 왜냐하면 마치 본능적으로 보존과 번식을 지향하는 생명체처럼, 자본은 생리적으로 더 큰 자본의 축적을 지향하기 때문입니다.

오늘날의 자유주의

소비에트 블록이 무너지자 자본은, 한편으로는 새로운 시장에 재빠르게 진입했고, 다른 한편으로는 자본의 이동과 활용에 관한 규제들을 하나씩 철폐해나갔습니다. 각 나라들이 체결한 FTA는 자유무역협정일 뿐 아니라 자본의 자유에 관한 보증서이기도 했습니다.

우리나라에서 김영삼 정권 때(1993년~ 1998년)부터 갑자기 '세계화(globalization)' 열풍이 분 것도 바로 이런 맥락 때문입니다. 물론 그 열풍은 김영삼 정권의 끝에 찾아온 IMF 사태의 원인 중 하나이기도 했습니다.

자유무역 자체가 나쁘지는 않습니다. 다만 FTA의 결과 피해를 보는 업종은 분명히 나타나기 마련이고, 거기에 대한 대비는 충분히 되어 있어야 합니다. 그리고 무엇보다도 자유무역협정 역시 국제적 역학 관계 속에서 이루어지기 때문에 실제로 상호 평등한 협정이 되기 어렵습니다. 그 때문에 상대적 약소국의 제도와 권한에 대한 부당한 침해가 일어나는 경우가 많지요.

현상적으로 신자유주의는 다음과 같은 것을 지향합니다.

• 자유방임경제

- 정부 기능의 축소

- 세금 감면 혹은 축소

- 취약 업종 보조금 축소 혹은 폐지

- 규제 철폐

- 재산권 보호

- 자유무역

- 외환시장 개입 금지

- 금융시장 자유화

　역시 '고전적(경제적) 자유주의'와 별로 다르지 않지요? 그런데 마지막의 '금융시장 자유화'는 사실 규제 철폐와 같은 맥락인데요. 굳이 써넣은 이유는 미국의 부동산 거품으로 시작된 서브프라임 모기지 사태와 2008년 국제적 금융위기도 신자유주의 경제 정책의 필연적인 결과였음을 알려드리기 위해

서입니다. 신자유주의를 기치로 내걸고 폭주하던 자본이 교통사고를 일으킨 겁니다.

자유주의자의
가치

자유주의자(liberal)들은 대개 '신자유주의자'라는 딱지를 싫어합니다. "나는 자유주의자이지만 신자유주의는 싫다"고 하는 사람들이 많지요.

조금 말이 안 되는 듯하지만 말이 됩니다. 오늘날의 자유주의는 '신(新)'이 들어가느냐 아니냐에 따라 의미가 많이 달라지니까요. 전통적 자유주의자들은 정치적으로는 자유주의자이고 자유시장경제를 옹호하지만, 신자유주의가 추구하는 지나친 자본중심주의를 싫어하는 경향이 있습니다.

이쯤에서 오늘날 자유주의자가 일반적으로 옹호하는 가치

들을 간략하게 살펴보겠습니다. 아래의 설명이 절대적으로 맞지는 않지만, 역시 이런 경향이 뚜렷하다고 생각하시면 됩니다.

● **표현의 자유**

존 스튜어트 밀 이래 모든 자유주의자는 이를 거의 '절대'라고 할 수 있을 정도로 중요하게 생각합니다. 물론 현실적으로는 사상과 표현의 자유를 제한할 수밖에 없을 때가 있습니다. 이를테면 군인이 군사기밀을 함부로 내뱉으면 곤란하지 않겠습니까. 자유주의자들도 그 정도는 이해합니다. 하지만 표현의 자유는 그런 '극단적인' 특별한 이유가 없다면 함부로 제한해서는 안 된다고 생각하는 거죠.

참고로 미국 수정헌법 1조에는 이 정신이 아주 잘 표현되어 있습니다.

의회는 종교를 만들거나, 자유로운 종교 활동을 금하거나, 표현이나 출판의 자유를 가로막거나, 평화로운 집회의 권리 및 고충을 해결해달라고 정부에 탄원할 권리를 제한하는 어떠한 법률도 만들 수 없다.

이러한 관점에서 볼 때 우리나라 국가보안법 7조의 '찬양·고무 등'에 관한 조항은 자유주의 원칙에 어긋납니다. 누구를 찬양 혹은 고무하든 그건 표현의 자유에 해당하기 때문이지요.

국가의 존립·안전이나 자유민주적 기본질서를 위태롭게 한다는 정을 알면서 반국가단체나 그 구성원 또는 그 지령을 받은 자의 활동을 찬양·고무·선전 또는 이에 동조하거나 국가변란을 선전·선동한 자는 7년 이하의 징역에 처한다.

이 때문에 유엔은 거의 매년 우리 정부를 향해 국가보안법 제7조가 표현의 자유를 제한한다는 이유로 폐지할 것을 권고하고 있지요.

한국의 '표현의 자유'를 걱정하는 곳은 유엔뿐이 아닙니다. 국제적인 언론 감시 단체 '국경 없는 기자회(RSF)'는 해마다 국가별 언론자유지수 순위를 발표하는데요. 2016년에는 우리

나라가 언론자유 순위에서 역대 최저인 70위에 그쳤습니다.

우리나라의 언론자유지수 순위는 2002년 집계가 시작된 이후 고 노무현 전 대통령 시절인 2005년과 2006년, 각각 34위와 31위로 당시 각각 44위와 53위를 기록했던 미국보다 더 높은 순위를 자랑했던 적이 있습니다. 그러다가 이명박 정권 들어 계속 언론자유지수 순위가 낮아지다가 2009년에는 69위까지 주저앉았고, 2016년에는 최하위 기록을 갈아 치웠습니다.

다행히 2018년에는 언론자유지수 순위가 대폭 상승하여 43위를 차지했습니다. 45위 미국보다 두 계단 높이 있네요.

참고로 지난 박근혜 정권 시절 국경 없는 기자회에서 우리나라의 언론자유지수를 낮게 매긴 이유는 정권의 언론탄압 외에 다른 이유도 있습니다. 『한겨레신문』의 보도에 따르면 다음과 같습니다.

국경 없는 기자회는 "미디어와 박근혜 대통령 치하의 정부 당국들 사이의 관계가 매우 긴장돼 있다"며 "정부는 비판을 점점 더 참지 못하고 있으며, 이미 양극화한 미디어에 간섭해 언론의 독립성을 위협하고 있다"고 지적했다. 기자회는 이어 "최대 7년의 징역을 선고할 수 있는 명예훼손죄가 미디어로 하여금 자기검열을 하게 만드는 주 원인"이라고 분석했다. 또 "어떤 형태이든 북한에 우호적인 기사나 방송 보도(를 한 언론인)를 처벌할 수 있는 국가보안법이 북한과의 관계에 대한 공공 토론을 방해하고 있으며, 이것 또한 온라인 검열의 주요 원인"이라고 평가했다.

즉, 국가보안법과 형법상의 명예훼손죄 조항도 표현의 자유를 저해하고 있다는 분석입니다.

● 시장경제

애덤 스미스 이래 자유주의자는 원칙적으로 시장경제 체제를 옹호하고 계획경제를 싫어합니다. 특히 소비에트 러시아와 동구권의 실패 사례를 본 이후, 경제 문제는 웬만하면 시장에서 알아서 해결하는 게 좋다고 생각합니다.

물론 보통의 자유주의자들은 도로, 전력 등 사회간접자본이나 의료 등 필수재 시장은 국가가 개입하는 것을 당연하게 생각합니다. 심지어 리버테리언 혹은 신자유주의자로 불리는 하이에크 같은 사람도 국가가 실행하는 보편적 의료 복지에 찬성합니다.

한 걸음 더 나아가 대마초 같은 **소프트 드러그**(soft drug, 중독성과 인체에 대한 해가 크지 않은 마약)는 합법화해서 시장이 유통을 조절하도록 하라고 주장하는 사람들도 있습니다. 시카고학파의 스타 밀턴 프리드먼이나 『이데올로기의 종언』으로 유명한 대니얼 벨 같은 학자가 바로 그들입니다. 최근 미국에서 대마초를 비범죄화 혹은 합법화하는 주가 늘고 있는 것에는 이런 목소리가 어느 정도 반영되어 있다고 볼 수 있습니다.

● 권력에 대한 감시와 견제

액턴 경(Sir Acton)이라는 분이 있습니다. 원래 이름은 존 에머리치 에드워드 달버그-액턴인데, 다들 줄여서 그냥 액턴 경이라고 부릅니다. 그는 빅토리아 시대 영국의 유명한 자유주의 정치가이자 역사가 겸 작가였는데요. 독자 여러분도 다음의 명언을 들어본 적이 있을 것입니다.

"권력은 부패하고, 절대 권력은 절대적으로 부패한다."

네, 역사를 열심히 연구한 액턴 경이 남긴 시대를 초월한 명언이지요. 자유주의자들은 이 말을 명심하고 있습니다. 권력이 부패하는 것을 막으려면 당연히 감시와 견제가 필요합니다. 물론 감시와 견제를 좋아하는 권력은 없으므로, 자유주의적 신념을 지닌 시민들은 항상 권력과 긴장 관계를 유지합니다.

현실에서 권력을 강화하고 확대하려는 권력자와 그에 저항하는 시민들의 대결을 보는 건 어렵지 않습니다. 이를테면 9·11 테러 이후 미국이 '애국법' 등 시민들의 자유를 침해하는 법안들을 통과시켰고, 그 후 에드워드 스노든의 위키리크스 폭로 등 미국 정부의 권력 남용에 저항한 여러 가지 사례가 생겨났지요.

우리나라에서도 소위 '테러방지법'을 둘러싸고 벌어진 여야 간의 대결 와중에 국회에서 세계 최장 시간의 필리버스터가 일어나기도 했습니다.

오늘날의 자유주의

● 차별 반대

차별에 찬성하는 사람도 있을까요? 대놓고 차별에 찬성하는 사람은 거의 없는 것 같습니다. 그러나 많은 사람들이 겉으로는 차별에 반대하면서, 실제로는 별 죄책감 없이 차별을 저지르고 있습니다.

때로는 너무 흔하고 당연한 듯이 이루어져서 차별이란 걸 의식하지 못하는 경우도 있습니다. 다음을 잠깐 보세요. 어느 평범한 회사의 평범한 채용 공고입니다. 어딘가 이상한 점이 보이나요?

보통은 잘 안 보입니다. 우리나라에서는 모두들 저렇게 하는 걸 당연하게 생각해왔으니까요. 그런데 자세히 보면 보입니다.

이 회사는 직원을 모집하면서 2014년 졸업 예정자 혹은

2013년 졸업자로 지원 가능한 연령을 제한하고 있습니다. 네, 나이를 차별하고 있는 것입니다.

우리나라의 실정상 그럴 수밖에 없지 않느냐고요? 예전에는 여직원이 결혼을 하면 해고하는 게 관행이었지요. 100년 전만 해도 미국에서는 흑인이 2등 국민 취급을 받는 게 당연했구요. 대답이 되었나요?

이번에는 흔하디흔한 이력서를 한 장 볼까요?

이름, 생년월일, 사진 등 대부분의 이력서 앞부분에 들어가는 항목들이 있습니다. 우리는 저 항목들을 당연하게 생각합니다. 미국에서 어떤 회사가 구직자에게 우리나라에서 쓰는 이력서를 제출하라고 했다면 그 회사는 당장 소송을 당하고 거액의 배상금을 물어주어야 할지도 모릅니다.

미국의 이력서엔 지원자의 연락처와 '직업적 능력' 이외의 것을 평가하는 항목이 없습니다. 나이, 성별, 종교, 세대주 같은 항목은 눈을 씻고 찾아봐도 없지요. 없는 게 당연합니다. 왜냐하면 그런 걸 묻는 것은 불법이거든요. 미국의 법률은 채용에서 '차별의 소지'가 될 만한 항목을 질문하는 것을 불법으로 하고 있습니다.

이 때문에 오래전 한국 회사들이 미국에 처음 진출했을 때 직원을 채용하면서 나이 등 불법적인 정보를 요구해서 소송을 당한 적이 있다고 하지요.

참고로 미국 고용평등처에서 공고한 바에 따르면 지원자의 인종, 민족, 종교, 성별, 성적 취향, 임신 여부, 나이, 장애, 유전적 정보를 이유로 차별하는 것은 불법입니다. 물론 물어보지도 말라는 얘기입니다.

사실 우리나라에서는 채용에서의 차별뿐 아니라 사회 전반의 모든 차별을 금지하기 위한 법률을 제정하려고 한 적이 있습니다. 이름하여 '차별금지법'인데요. 2007년, 2010년, 2012년 세 번이나 이 법안을 통과시키려다가 실패했습니다. 왜 실패했냐고요? 법무부의 입법예고 초안 중 '제안 이유' 부분을 잠깐 들여다봅시다.

헌법의 평등 이념에 따라 성별, 장애, 병력, 나이, 출신 국가, 출신 민족, 인종, 피부색, 언어, 출신 지역, 용모 등 신체 조건, 혼인 여부, 임신 또는 출산, 가족 형태 및 가족 상황, 종교, 사상 또는 정치적 의견, 범죄 전력, 보호처분, 성적 지향, 학력, 사회적 신분 등을 이유로 한 정치적·경제적·사회적·문화적 생활의 모든 영역에 있어서 합리적인 이유 없는 차별을 금지하고 예방하며 불합리한 차별로 인한 피해자에 대한 구제 조치를 규정한 기본법을 제정함으로써, 헌법 및 국제 인권 규범의 이념을 실현하고 전반적인 인권 향상과 사회적 약자·소수자의 인권 보호를 도모함과 아울러 궁극적으로 사회 통합과 국가 발전에 기여할 수 있도록 하기 위함.

위의 긴 문장 중 거의 저 네 글자 '성적 지향' 때문에 법안 통과에 실패했다고 해도 과언은 아닙니다. 바로 기독교계 일부에서 차별금지법이 통과되면 동성애를 조장할 수 있다는 이유로 강력하게 반발했기 때문입니다.

물론 학력 차별을 금지하면 기업의 인재 모집에 지장이 있다는 업계의 반대도 있었지만 그건 큰 변수가 아니었습니다.

사실 차별금지법이 통과된다 해도 현실에서는 별 의미가 없다는 의견도 있었습니다. 왜냐하면 여러 가지 조정 과정을 거치면서 최종적으로 나온 안에는 실질적인 처벌 조항이 다 빠져 있었기 때문입니다. 하지만 이런 내용의 법안이 있는 것과 없는 것은 큰 차이죠. 대한민국에서 부당한 차별은 불법이라고 공식적으로 선언하는 것만 해도 큰 의미가 있습니다. 모자란 부분은 이 법률을 제정한 후 차차 보충해도 되고요.

차별금지법 제정 시도와 실패는 대한민국 자유주의 역사에서 중요한 에피소드라고 할 수 있습니다. 아마도 머지않아 비슷한 법률이 통과되지 않을까 기대합니다.

● 약자에 대한 배려

자유주의자들은 차별에 반대할 뿐 아니라, 약자는 더욱 배려해야 한다고 생각합니다. 자유주의자들이 각종 사회복지 제도를 지지하는 이유도 이 때문입니다. 건물마다 장애인용 램프를 설치하고, TV 뉴스에서 수화 방송을 하는 것도 이런 맥락에서 보아야 합니다.

특히 선천적으로 약점을 타고난 이들에 대한 배려는 평등 혹은 '차별 반대'와 같은 맥락입니다. 이를테면 선천적인 장애를 타고난 이들은 사회적 경쟁에서 불리하므로 국가의 배려를 통해 취업 등에서 우대하는 것이지요.

자꾸 미국 얘기를 해서 좀 그렇지만, 미국의 경우 '약자 우대 정책(affirmative action)'이란 게 있습니다. 정의하자면 "사회적·역사적으로 불이익을 당한 집단에 속한 이들을 우대하는 정책"쯤 되는데요. 이 정책 덕분에 흑인 학생들이 대학에 지원할 때 가산점을 얻는 경우가 많습니다.

● **다원주의**

애덤 스미스가 『국부론』을 쓰고 존 스튜어트 밀이 『자유론』을 쓸 때부터 자유주의는 다원주의였습니다. 자유주의자들은 기본적으로 사람들의 생각이나 생활 방식이 각자 다를 수 있다는 점을 인정하지요. 따라서 진리의 기준이 되는 단 하나의 중심점 같은 것은 없거나, 있어도 알 수 없다고 생각합니다.

개인적으로 저도 이런 입장을 지니고 있습니다. 인간의 인식 능력은 유한한 것이며, 우리는 절대적 진리의 기준을 찾을 수 없다고 봅니다. 물론 종교인이라면 절대적 진리의 기준(神)

을 지니고 있을 수도 있습니다. 하지만 종교인조차도 특정 문제에 대해 계시를 통해 응답을 얻지 못했을 때는 정답을 알 수가 없겠지요.

종교인이 아닌 제가 사실 혹은 진리라고 인식하는 것은 상대적이고 잠정적인 사실이자 진리일 뿐입니다. 제가 거의 100퍼센트 옳다고 확신하는 것도 0.0001퍼센트 정도는 틀릴 가능성이 있습니다. 따라서 제가 보기엔 거의 100퍼센트 틀린 상대방의 의견도 존중해야 하고, 내게 직접적 해악만 없다면 어떤 행위도 용납해야 합니다.

다원주의의 입장은 바로 이런 것입니다. 자신의 무지와 오류의 가능성을 인정하는 것, 이것이 다원주의의 출발점이고, 자유주의의 기초입니다.

사실 이러한 입장은 경험과학의 기본 입장이기도 합니다. 오늘날의 과학은 결코 '절대적 진리' 따위를 추구하지도, 주장하지도 않습니다. 과학은 심지어 진리를 탐구하는 학문도 아닙니다. 과학자들은 '진리' 대신 '사건'을 탐구합니다.

300년 전 뉴턴의 『프린키피아』가 출간되었을 때, 유럽인들은 하나님이 만들어놓은 우주의 원리를 모두 알아냈다고 생각했습니다.

"수수께끼가 모두 … 풀렸어!"

하지만 그로부터 200년 후 아인슈타인을 비롯한 물리학자들은 뉴턴의 중력과 운동 이론은 별들이 반짝이는 저 우주의 거시세계와, 원자와 전자 같은 미시세계에는 통하지 않는다는 사실을 알아냈습니다.

오늘날 빛과 같이 아주 빠른 물체의 운동은 특수상대성이론으로, 행성과 항성 같은 거대한 물체의 운동은 일반상대성이론으로, 원자와 전자 같은 미시세계의 운동은 양자역학으로 설명합니다.

다음 그림을 보세요. 양자역학을 설명하는 사고실험으로 유명합니다. 미시적 세계에서 일어나는 일은 확률적으로만 존재하며, 관찰하기 전에는 모순적인 두 상태가 동시에 '포개진 상태'로 있다는 이야기입니다. 실험 속의 고양이는 죽은 것도, 산 것도 아닌 두 가지 모두의 상태입니다.

그러나 상대성이론이나 양자역학 역시 '영원한 진리'는 아닙니다. 뉴턴의 고전 물리학이 그랬듯이, 본질적으로 더 정확

오늘날의 자유주의

하고 효율적인 설명이 나오기 전까지만 유효한 도구적 가설에 불과한 것입니다. "어쨌거나 현재로선 이보다 더 좋은 설명은 없다" 정도의 느낌이라고나 할까요.

그러나 자연과학이 절대적이고 완벽한 진리를 주장하지 않는다고 해서 무시해서는 곤란합니다. 절대적이고 완벽하다고 자신하지 않을 뿐, 실제로는 거의 절대에 가까운 완벽성을 지니고 있으니까요.

이를테면 이런 겁니다. "누군가 모든 사람은 죽는다"라고 말했습니다. 이 말은 진리일까요?

대부분 고개를 끄덕일 겁니다. 하지만 과학적으로 보면 확신하기 어렵습니다. 왜냐고요?

아직 모든 사람이 안 죽었거든요.

웃지 마세요. 어떤 이들은 수십 년 후 인공지능과 생체공학의 발전에 따라 인간이 영생하게 될지도 모른다고 주장합니다. 미친 사람이 아니라 굉장히 똑똑한 사람이 그런 주장을 하니 무시하기 어렵습니다. 아직도 의심하는 분이 있다면 레이 커즈와일이 쓴 『특이점이 온다』라는 책을 읽어보세요.

물론 커즈와일 씨의 주장이 틀렸을 수도 있습니다. 포인트는 진짜 100퍼센트 확신할 수 있는 진리란 없다는 것입니다. 또한 우리는 아마도 99.9퍼센트 정도 확실한(진리가 아닌!) 가설에 기초해서 우리 문명을 운영하고 있다는 것입니다.

18세기의 지식인들은 뉴턴 역학이 100퍼센트 확실한 진리라고 생각했을 테지만, 우리는 그 믿음이 틀렸다는 걸 알지요. 그래서 우리의 믿음도 틀렸을 가능성이 있다고 추정하는 것입니다. (아마도) 0.1퍼센트 정도는 오류의 가능성이 있지 않을까 하고 생각하는 거죠. 언젠가 그 0.1퍼센트의 가능성이 현실화될지도 모르니까요.

그리고 어느 날 실제로 그 일이 일어납니다.

이세돌 9단, 인공지능에게 패배!

오늘날의 자유주의

다원주의는 문화적 다양성에 대한 옹호이기도 합니다. 그래서 자유주의자들은 대개 LGBT(레즈비언[lesbian], 게이[gay], 양성애자[bisexual], 트랜스젠더[transgender]의 앞 글자를 딴 것으로 성적소수자를 의미한다), 외국인, 채식주의, 소수 종교 등 다양한 비주류 문화에 대해 관대하지요.

자유주의자들이 '다문화(多文化)'에 대해서도 긍정적인 건 당연하겠죠? 그런데 우리나라에서 '다문화 정책'은 실제로는 다문화 정책이 아닐 때도 있습니다. 다문화 정책이란 글자 그대로 다양한 문화를 인정하고 함께 공존하는 것을 추구하는 정책입니다. 그러나 이를테면 국내 거주 외국인에게 한국어나 한국 음식 요리법을 가르치는 건 다문화 정책이 아니라 그와 반대되는 동화(同化) 정책입니다.

'다문화주의'는 20세기 중반 이래 유럽에서 먼저 나타난 생각입니다. 유럽 각국이 과거 식민지 국가 국민들의 이민을 대거 받아들이면서 생겨난 개념으로, 각자의 문화를 존중하면서 조화롭게 살아가자는 취지가 담겨 있습니다. 하지만 이슬람계 이민자 거주지가 게토화하는 등 부작용을 겪고 있기도 합니다.

또한 다문화 정책을 옹호하는 것과 불법체류를 옹호하는 것은 범주가 다릅니다. 자유주의자가 인도주의적 관점에서 이주노동자에게 호의적일 수는 있으나, 그것이 바로 불법체류를 옹호하는 태도로 이어진다고 보기는 어렵습니다.

이 정도가 오늘날 보통의 자유주의자들이 공통적으로 지니고 있는 가치관이라고 할 수 있습니다. 현실에서는 이런 공통분모를 지니고 있지만 분야에 따라 의견이 꽤 다른 다양한 종류의 자유주의적 인간들이 살고 있지요. 물론 이런 공통분모 중 일부가 결여된 자유주의자도 있습니다.

자유주의의
적들

자유주의 이야기를 끝내기 전에 한 가지만요. 자유주의의 적이 있다면 어떤 걸까요?

자유주의는 19세기 말과 20세기 초 한동안 사회적 다윈주의와 싸워야 했습니다. 사회적 다윈주의는 대놓고 인간을 차별하는 인종주의였으니까요.

그 후에는 주로 파시즘과 스탈린주의 등 전체주의가 자유주의의 적이었고, 지금도 자유주의자들은 세계 구석구석에서 전체주의적 사고와 싸우고 있지요.

사회주의도 자유주의의 적일까요? 그렇다, 아니다, 단칼에 무 자르듯이 대답하기 어렵습니다. 제 생각에는 어떤 사회주의냐에 따라 다릅니다.

우선 소비에트 러시아식 사회주의와는 손잡기 어렵습니다. 소비에트 러시아 붕괴 이후 그동안 소련이란 나라가 어떻게 운영됐었는지 구체적으로 드러났는데요. 국가 전체적 계획경제나 자유를 희생한 관료화된 평등주의 등은 현대의 자유주의자들 대부분이 싫어합니다.

하지만 서구 사회민주당의 '사회주의자' 중에는 자유주의자와 흔쾌히 손잡고 인류 공동의 이익을 위해 노력할 수 있는 사람이 많다고 봅니다.

 "다시 말하지만 사회주의 계획경제는 현실적으로 무능할 뿐 아니라, 인간에게 해롭습니다."

오늘날의 자유주의

사실 자유주의자이면서 동시에 사회주의자일 수도 있습니다. 실제로 많은 사람들이 스스로 자유주의자이면서 사회주의자라고 생각합니다. 그런 사람에게 사회주의는 자유를 더욱 많이 실현하기 위한 도구입니다.

여러 가지 '주의'가 있지만 자유주의의 가장 무서운 적은 어떤 주의가 아니라 인간이면 누구나 빠질 수 있는 스스로에 대한 지나친 믿음입니다. '독단'이라고 하지요. 움베르토 에코의 소설 『장미의 이름』에서 윌리엄 수도사는 아리스토텔레스의 『시학』 속편을 숨기기 위해 여러 명의 수도사를 살해한 호르헤 수도사에게 이렇게 말합니다.

그렇습니다. 내가 너무나도 확신에 차 있을 때, 그리하여 타인의 견해를 모두 무시할 때, 악마가 승리하는 법이지요.

"그래. 잘 들어두. 당신은 속았어.
악마란 물질로 되어 있는 권능이 아니야.
악마란, 바로 영혼의 교만, 미소를 모르는 신앙,
의혹의 여지가 없는 진리… 그게 바로 악마야."

지식인의 교양 : 생각 편

초판 1쇄 발행 | 2019년 8월 19일

지은이 | 곽작가
발행인 | 노승권

주소 | 경기도 파주시 회동길 354
전화 | 031-870-1053(마케팅), 031-870-1061(편집)
팩스 | 031-870-1098

발행처 | (사)한국물가정보
등록 | 1980년 3월 29일
홈페이지 | www.daybybook.com